世界名人非常之路

莱特兄弟

为人类插上翅膀的兄弟

张自粉 ◎ 编著

ⓢ 中国社会出版社

国家一级出版社 · 全国百佳图书出版单位

"世界名人非常之路" 编委会

主　　任：刘明山

编　　委：

周红英	王汉卿	高立来	李正蕊	刘亚伟	张雪娇
方士娟	刘亚超	张鑫蕊	李　勇	唐　容	蒲永平
冯化太	李　奎	李广阔	张兰芳	高永立	潘玉峰
王晓蕾	李丽红	邢建华	何水明	田成章	李正平
刘干才	熊　伟	余海文	张德荣	付思明	杨永金
向平才	赵喜臣	张广伟	袁占才	许兴胜	许　杰
谢登华	衡孝芬	李建学	贺欣欣	刘玉磊	王莲凤
刘振宇	张自粉	苗晋平	卓德兴	徐文平	王翠玉

写在前面的话

　　童年时代的夏夜，我和小伙伴们时常躺在家乡的草坪上，仰望着美丽的星空，偶尔还能看见流星划过，那时的欢呼与过后的惊诧至今仍历历在目。冬天的早晨，我们则常常流连于冰雪覆盖的小路，经常因堆雪人和打屋檐的冰凌锥而忘记了上学。当然，春天和秋天对于孩子们来说，更是大自然赐予最慷慨、最丰厚的时候。无论是春花的烂漫还是秋果的诱人，至今都是我心中最温暖的回忆。

　　随着年岁的增长，许许多多扑朔迷离的自然现象，构成了一个又一个神秘莫测的奥秘。自然界的事物不再只是心头美丽的驻足，而是慢慢地变成了诸多诱使我去探索的动力。幸好，学校的数、理、化、生物等课程给了我一些答案。但是，课本的知识毕竟十分有限，而阅读课外书籍给了我巨大的帮助。

　　在成长过程中，随着知识的增加，我的好奇心也越来越强，迫切地想要了解那些发明创造的过程和那些奇思妙想的主人。是谁捡到了那只证明了万有引力的苹果？是谁让漆黑的夜晚亮如白昼？是谁开启了工业时代的大门？又是谁让人类迎来了飞天的奇迹？是他们，站在科技前沿的科学家们，带着诸多疑问，不断地对我们生存的空间进行研究，渴求破译这充满超自然现象的世界。是他们一步步带领着我们进入科技时代。

　　茫茫宇宙中是否还存在其他智慧生物？如何科学地解释人体与自然的离奇现象？他们用不断探索的精神引领我们认知世界，辨别真伪。我们为他们的创造精神而感动，为他们的科研成果而骄傲，更为他们对人类的贡献表示由衷的感谢！

被逼"退学"的发明大王爱迪生，中国现代数学之父华罗庚，带给人类动力的发明家瓦特，太空探索的先驱者布劳恩，实验科学研究的先驱伽利略，为人类插上翅膀的莱特兄弟，放射性元素之母居里夫人……我们将这些科学家的故事汇集起来，编撰成册，希望能让读者朋友们全面了解他们的一生和那些与他们无法分离的伟大事迹，使大家从中有所收获。

就让我们一同走近这些科学家，了解他们发明创造背后的故事，让他们的成长历程启示我们；让他们的挫折坎坷激励我们；让他们的灵感火花指引我们，让我们站在巨人的肩膀上，走向更高的目标，实现更伟大的理想！

"世界名人非常之路"大型系列丛书之"科学家成长之路"篇，就是这样一套专门拓展中学生科学视野，提高科学素养的图书。让我们沉醉于神奇、瑰丽的大千世界之中，感受科技的强大，伟人的魅力，从而启迪智慧，丰富想象，激发创造，培养青少年热爱科学、献身科学的决心，以及热爱人类、保护环境的爱心。

丛书紧密结合当前中学教材中涉及的历史名人，以及物理、化学、生物、地理、天文、材料、医学、能源、环境、航空航天等多方面的科学知识。在这里，科学家的成功不再神秘，愿科学家的成长之路能够成为你开启成功之门的金钥匙。

年轻的朋友们，让知识为你们的梦想插上科学的翅膀吧！

人物简介

✣ 生卒与经历 ✣

莱特兄弟指的是哥哥威尔伯·莱特（Wilbur Wright，1867～1912）和弟弟奥维尔·莱特（Orville Wright，1871～1948），兄弟二人都是美国著名飞行家，被誉为人类航空之父。

莱特兄弟均受到了良好教育，但都没有得到文凭。1889年，奥维尔在进修大学的第三年就退学了，在哥哥的帮助下干起了印刷生意。莱特兄弟开办《代顿周报》，不久成为全市最畅销的报刊之一。

1892年，受全国自行车热的影响，莱特兄弟开了自行车专卖店。1896年，莱特兄弟成立莱特自行车公司，开始生产他们自己的品牌自行车，他们用这种不懈努力的精神建立了对飞行的兴趣。

从1896年开始，莱特兄弟就一直热衷于飞行研究，并开始他们的机械航空试验。

从1900年至1902年期间，他们除了进行一千多次滑翔试飞之外，还自制了二百多个不同的机翼进行了上千次风洞试验，修正了李莲塔尔一些错误的飞行数据，设计出了较大升力的机翼截面形状。

1903年，莱特兄弟设计出一种性能优良的发动机和高效率的螺旋桨，然后成功地制造出世界上第一架依靠自身动力进行载人飞行的飞机"莱特一号"。

威尔伯·莱特于1912年5月29日逝世，年仅45岁。此后，奥维尔·莱特奋斗30多年，于1948年1月3日逝世，享年77岁。

成就与贡献

莱特兄弟的主要贡献是首次完成完全受控、附机载外部动力、机体比空气重、持续滞空不落地的飞行器，发明了世界上第一架实用飞机。

莱特兄弟是现代飞机的发明人，他们第一次使人类能够真正在空中持续飞行。

1902 年，他们改进了滑翔机并试飞成功。1903 年，他们制成了带有发动机的飞机，并试飞成功，开辟了人类航空史的新纪元。

1908 年，威尔伯以连续飞行 2 小时 20 分 23 秒的成绩荣获法国首届米修兰奖，该奖是奖给飞行事业上具有杰出贡献者的。此后莱特兄弟保持了好几项飞行世界纪录，并且培养出许多优秀的飞行人才，为人类航空事业做出了巨大贡献。

地位与影响

莱特兄弟被誉为人类航空之父，他们创造出来的飞机使人类从此踏足航空领域，并迈入了一个崭新的时代。莱特兄弟的飞机作为世界上第一架动力飞机，在航空史上留下了不可磨灭的一页。

为了纪念莱特兄弟对航空事业做出的巨大贡献，美国自动工程师协会航空工程分会于 1924 年设立了莱特兄弟奖章，以莱特两兄弟的姓氏命名，用来奖励航空工程领域最佳论文的作者。

以莱特兄弟命名的奖还有美国航空航天学会设立的"莱特兄弟航空学讲座"和英国皇家航空学会设立的"莱特兄弟纪念演讲"，这两项大奖都是授予发表航空学方面演讲的获奖人士的，极大地推动了航空学的发展。

目录

莱特兄弟

莱特兄弟

少年的梦想

对于创新来说，方法就是新世界，而且，最重要的不是知识，而是思路。

—— 莱特兄弟

出生在牧师家庭

莱特兄弟指的是哥哥威尔伯·莱特和弟弟奥维尔·莱特。哥哥威尔伯·莱特生于 1867 年 4 月 16 日，弟弟奥维尔·莱特生于 1871 年 8 月 19 日。

莱特兄弟一家共有兄妹五人，除了威尔伯和奥维尔之外，还有路易、罗林和妹妹凯特。

莱特兄弟从小就与家人居住在美国俄亥俄州的代顿市。这里不仅是奥维尔·莱特与妹妹凯特的出生地，而且还是莱特祖先的拓荒地。

莱特兄弟的曾祖母玛格丽特的母亲卡特琳娜是第一个住进代顿市的白人妇女。她的丈夫约翰·范克利夫是 1650 年从荷兰移民到美国的范克利夫家族的后裔。

约翰夫妇俩很有拓荒的冒险精神，婚后几年他们只身迁居到俄亥俄州的一个原始森林里，想在那里开拓自己的农垦事业。

1790 年，他们在现在叫辛辛那提的那个地方艰难生活了两年，范克利夫家族的一些人也陆续来了。

就在这时，不幸的事情发生了，丈夫约翰·范克利夫被印第安人杀死了。

卡特琳娜形单影只，在杳无人烟的莽林中顽强挣扎，几年后嫁给了塞缪尔·汤普森。

卡特琳娜和丈夫又踏上新的征途，开拓新的地方。他们乘平底船从迈阿密河的水路去，其他范克利夫家族的人从陆地上走。尽管船航行了 10 天，他们一家还是第一批到达的居民。

为了纪念一个革命战士，这个即将开发的新建移民点被命名为乔纳森·代顿。由于这里水陆交通便捷，渐渐变得兴旺起来，于是美国的地图上也就出现了代顿市。

卡特琳娜的儿子本杰明成了代顿市的第一任邮政局长、第一位教师，同时也是第一位公职人员。

本杰明的妹妹玛格丽特与小旅馆老板乔治·里德结了婚，他们生了一个女儿卡特琳娜。

她就是飞行之父莱特兄弟的祖母卡特琳娜·里德。

莱特兄弟的祖父丹·莱特的祖先可以追溯到一个叫约翰·莱特的人，他在 1538 年在英国的埃塞克斯县买下了凯尔维登庄园。

丹·莱特于 1811 年搬到俄亥俄州代顿附近，在那里邂逅了代顿市开拓者的后裔卡特琳娜·里德。

他们的联姻产生了莱特兄弟的父亲密尔顿·莱特。他于 1828 年 11 月 17 日降生在印第安纳州拉什县的一幢小木屋里。

莱特兄弟的父亲密尔顿，从小就生活在信仰基督教的氛围里。他的父亲丹·莱特一辈子全心全意从事种植业，对基督教的虔诚达到顶礼膜拜的程度。

小小的密尔顿耳濡目染了这一切。他 18 岁那年参加了基督教联合兄弟派教会，决心献身于基督教事业，接着进入印第安纳州哈茨维尔附近的一家神学院就读。

密尔顿在大学三年级时结识了一位一年级的年轻女学生，她是苏珊·卡特琳娜·凯尔纳，密尔顿顿时被她的青春美貌所吸引，后来他得到了姑娘真诚的芳心。

当苏珊·卡特琳娜·凯尔纳完成自己的学业后，密尔顿·莱特正式向她求婚。1859 年 11 月 24 日，密尔顿 31 岁生日后的第一个星期，他们结婚了。

密尔顿的第一个男孩路易是 1861 年 3 月在费尔芒特附近的一个农场里生的，而第二个男孩罗林是一年半以后在费耶特县的祖父家里生的。

1867 年，密尔顿在印第安纳州纽卡斯尔市东边 5 千米的地方，即米尔维尔村附近买下一个小农场。

1867 年 4 月 16 日，密尔顿的第三个儿子，就出生在那个小农场里，因为密尔顿钦慕一位叫威尔伯·菲斯克的牧师，于是他给自己这第三个儿子取名叫威尔伯·莱特。

莱特家搬到俄亥俄州代顿市一年多后，他们在霍索恩街买下了一所尚未竣工的包括 7 个房间的简陋房屋。房子就坐落在迈阿密河的西边，离市里的主要商业区约有 1 千米远。

1871 年 8 月 19 日，奥维尔·莱特降生在这个小屋里，他的名字来源于一位唯一神教派的牧师奥维尔·杜威。

三年后的同一天，奥维尔的妹妹凯特出生了。

密尔顿所在的教派属于一个小宗教团体莫拉比亚派，他是该派的主要负责人，负责莫拉比亚派在整个代顿市郊区周边城镇的传教事务。密尔顿是一个有教养、心地善良、助人为乐的人，而且，从来不强迫他人办任何事情。同时，他也是一个书籍收藏家，并教导孩子们要好好读书。

作为一个宗教团体的负责人，密尔顿的收入却很少。所以，莱特一家养成了勤俭和朴素的作风。但是，密尔顿却经常教育他的孩子，财产是毫无价值的。后来威尔伯和奥维尔都从未利用过自己的聪明和才智赚取大钱，可以说这完全是他们父亲教育的结果。

莱特兄弟的母亲苏珊·凯特琳娜·凯尔纳是一个德国造车木匠的女儿，他们一家是从德国专制统治下逃脱出来搬迁到美国居住的。

苏珊·凯特琳娜·凯尔纳精明能干，非常贤惠，她还十分擅长木匠活，有时在家里也干一些。

配合默契的兄弟

威尔伯小时候非常喜欢读书，也很爱好运动，是一位小有名气的花样滑冰能手，经常参加各种各样的滑冰比赛。

弟弟奥维尔比哥哥威尔伯小4岁，是一个非常调皮的孩子，他经常逃学，让学校的老师和爸爸妈妈都很无奈。

莱特兄弟二人的性格截然不同，但两人的智慧却是很少见的，也许这与他们的遗传基因有关系。他们的祖父丹·莱特制造的载货车，既坚固又耐用，而他们的母亲有做木匠活的特长。

莱特兄弟几乎在懂事的时候就对机械产生了浓厚的兴趣。成年后的奥维尔每当向别人回忆自己童年生活时，讲的几乎都是与机械设计有关的故事。

奥维尔常常津津乐道地回忆起在他5岁生日那天，在一大堆生日礼物中，他首先看中了一只回旋陀螺，尽管它支撑在刀形支承的刃口上，但仍能够保持自身的旋转和平衡。

莱特兄弟都喜欢机械，这两个小家伙，从小就喜欢拆拆弄弄，他们对拆卸旧的时钟、磅秤等最感兴趣。

威尔伯常常与自己年龄相仿的男孩子们交往。奥维尔也有自己的好友。在家里，两兄弟自然玩在一块了。

玩些什么呢？奥维尔当然是全听小哥哥的。威尔伯常将街道上的破铜烂铁搬回家"研究"，奥维尔则跑前跑后，呼哧呼哧地用了自己吃奶的劲，帮小哥哥将这些"宝贝"搬到家后院的小仓库里。

一天，大哥路易和二哥罗林放学回家，一进门就兴冲冲地大声嚷嚷："妈妈，爸爸来信了！"

谁知家里静悄悄的，除了小妹凯特甜甜地睡在小摇篮里外，就是满屋子散落着的弯曲的铁钉、断落的发条、生锈的铁片以及一段段的铁丝，使人无从下脚。

"妈妈！"路易转身面对屋门口喊道。

妈妈端着洗衣盆从河边洗完衣服回来，看见满地的碎片，她不由得皱起了眉头。

她将衣盆一放下先进屋里看看小女儿，然后蹑手蹑脚地出来，接过孩子递过来的信。

她看完信后，喜上眉梢，满脸笑容地对孩子们悄声说："爸爸快回家了，预计后天就到。"

两兄弟云雀般地欢跳着，叽喳着："太好啦！爸爸带些什么礼物给我们？"

妈妈随即阻止孩子的叫嚷："别把小凯特吵醒了，你们快去把威尔伯和奥维尔找回来，这俩小家伙弄得满屋子乱糟糟的，真是的。"

兄弟两人遵命而去，过了好一会儿，两人陆续回家。

"妈妈，我找不到他们。"

"不在强尼家，也不在爱德家，不知道到哪儿去了。"

弟兄俩分别向母亲诉说了寻找的结果。

"那就怪了！这两个小家伙会躲在哪里呢？嗯！我想一定是在后面的小仓库里。"

母亲推测着说道。她随即推开厨房的门，走到后院去，路易和罗林紧跟在后面。

当走到小仓库门口

时，母亲把手指竖在嘴唇上，示意路易和罗林安静，然后轻轻地去叩门。

"谁？"

"是不是妈妈？"

里面传来小兄弟的问话，他们果然在里面。

"是爸爸！"母亲故意压低嗓子，学男人的声音。

"噢！爸爸回来了！"威尔伯和奥维尔同时兴奋地冲出来。

"咦？"

"爸爸呢？"

母亲仍然模仿男子的声音说："你们两个赶快去把屋子收拾干净。"

孩子们见状，都大笑起来。

"威尔伯，我知道那一地的东西全是你扔的，以后再这样，我就把它全扔到垃圾桶里去。你知道，爸爸后天就要回来了，要赶快把家里收拾干净，免得让他生气。"

威尔伯立刻表示歉意说："好，我马上就去，那些都是我的宝贝呀！"

"我也来帮忙。"奥维尔跟着说。

由于收拾威伯尔的宝物，那天晚上的晚餐比平时晚了很久，太阳早已落山了，一家人才坐到餐桌旁用晚餐。

动手改造手推车

　　莱特兄弟从小就特别喜欢拆弄机器，只要一有破旧机器被他们看见，在尽可能的情况下，小哥俩都会想方设法把机器拆卸开来，仔细研究一番，否则绝不罢休。

　　不但如此，莱特兄弟俩还经常把妈妈准备丢掉的破铜烂铁捡起来，巧妙地做成许多新鲜有趣的玩具。

　　有一次，莱特兄弟二人把一大堆被人家丢弃的橡树果实和旧铁钉捡了回来。妈妈责怪他们说：

　　"不要再去捡这些破旧的东西啦！你看你们把家里弄得总是乱糟糟的！"

　　莱特兄弟冲着妈妈做个鬼脸儿，说：

　　"妈妈，这些是我们的宝贝儿，我们一会儿就把它们安顿好！"

　　莱特兄弟很快就把屋子收拾干净了。随后，他们把这些废旧的东西加工制造成许多陀螺玩具，然后分送给邻居的玩伴们。伙伴们得到新奇的玩具，玩得是那么开心、那么快乐。

　　此后，这两个聪明伶俐、喜爱创造发明的兄弟，陆陆续续做出了许多令邻居们都备感惊奇的发明。

　　而在威尔伯10岁、奥维尔6岁那年，莱特兄弟的爸爸竟然肯把心爱的木工工具借给他们使用。于是兄弟二人便决心要做出另一件更令人惊奇的东西来。

　　莱特兄弟很早就看中卡莫基先生店门口那辆破旧的手推车。卡莫基先生是专门替人修理各种机械的，他的店里堆满了各式各样的新旧机器。这比任何东西都对莱特兄弟具有吸引力。

威尔伯和奥维尔常常没事就往卡莫基先生的店门口去，因为那里是他们兄弟俩最向往的地方。

他们注意到卡莫基先生店里的那辆手推车已经很久了，他们是那么迫切地想拥有那辆手推车。现在他们又有了好工具，经过商量后，小哥俩下定决心来向卡莫基先生买车了。

这一天，莱特兄弟俩冒着凛冽的寒风，踩着泥泞不堪的道路，满怀希望地前往卡莫基先生的店里去试探。因为他们无法确定卡莫基先生的车是否决定出售，也无法确定主人是否会把那辆手推车卖给他们。

两兄弟一走进店里，就亲昵地打着招呼：

"卡莫基叔叔，您早！"

卡莫基先生看到这对小兄弟一早就冒着寒风来到他的店里，便猜想一定又是来看他修理机器的。他笑眯眯地摸着孩子们的头，和蔼地说：

"你们这么早就来看我修理机器呀！"

威尔伯鼓起勇气带头说：

"不，叔叔，这回我们不是来看您修理机器的，而是有件事想跟您商量商量。"

"有什么事啊？孩子！"

卡莫基叔叔的口气依然和蔼亲切。

"叔叔，您门口那辆手推车能不能卖给我们？"

"可以，可以，那辆车反正已经坏了，当然没问题。不过你们要这辆车做什么呢？"

"我们想把它修好来用。"

奥维尔天真地说道。

"哦？谁帮你们修理？"

"我们两个自己动手合作。"

莱特兄弟异口同声地说道。

卡莫基先生一脸的惊讶，随即笑呵呵地说：

"听说你们的祖父就是一位制造运货车的高手，没想到你们两个小家伙竟然也有一套。好吧！你们现在就可以把它拖回去了。"

"叔叔，您这辆车打算卖我们多少钱？目前我们身上只有几块钱，先付给您，不够的话，等我们把车子修好，帮人家运货赚了钱以后再来还清，好吗？"

慈祥的卡莫基先生一听，仰起头来哈哈大笑说：

"好孩子，做叔叔的，能拿破车子来骗孩子的钱吗？再说，我常常受你爸爸的照顾而不知道怎样回报。现在我决定把这辆坏车子送给你们，赶快把它推回去吧！"

"叔叔，那怎么可以，白拿人家的东西，回家后一定会挨妈妈骂的。"

威尔伯起先坚持不肯，后来突然想到一个办法，说：

"这样好了，让我们帮您做点儿事当作补偿，这样就不算白拿您的东西了。"

卡莫基先生看这两个孩子这么懂事，又这么可爱，便频频点头，并笑着说：

"这倒是个好主意。这样好了，等你们把车修理好了以后，利用星期天到镇上替我收集人家不要的坏机器。"

"好的，叔叔，就这么说定啰！"

于是，两兄弟兴高采烈地把那辆破车推回家去了。

"叮叮、咚咚！叮叮、咚咚！"

莱特家后院传来了阵阵铁锤敲打东西的声音，两兄弟花了好几天的时间，终于把原本破旧不堪的手推车改造成一部坚固而实用的运货车。

弟弟奥维尔拍手叫好地对着哥哥说：

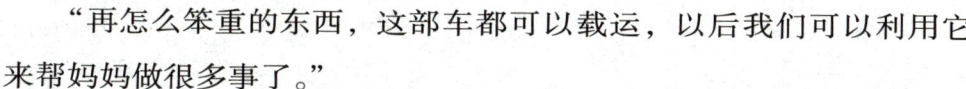
"再怎么笨重的东西，这部车都可以载运，以后我们可以利用它来帮妈妈做很多事了。"

"当然！不是我们自吹自擂，我们镇上恐怕找不出比它更好的运货车了。"

威尔伯自豪地说。

看了他们修理的运货车，父亲赞叹不已，母亲更是高兴得热泪盈眶。

以后，代顿镇大街上经常出现推着运货车的两兄弟身影。威尔伯和奥维尔推着他们的"杰作"，一边走，一边吆喝着：

"收废铜烂铁唷！"

"损坏的或是不要的机器请拿出来。"

不到半天时间，兄弟俩就已经收了满满一车的旧东西。

莱特兄弟二人吃力地推着满载的旧车子到达卡莫基先生的店门口，卡莫基先生像是发现了什么新鲜事物似的，他惊奇地喊道：

"啊！真了不起！这辆车子被你们改装得这么坚固，真没想到！快，先到后面去擦把脸，把手洗干净。"

卡莫基先生张罗两个孩子吃了点东西，站在车旁仔仔细细地上下左右打量着两兄弟的"杰作"。

"嗯！做得确实很好，要不是我亲眼所见，可不相信是你们两个孩子做出来的呢！我现在替你们在车轴上涂点油，这样走起来就更灵活、更轻便，懂吗?"

"谢谢您！叔叔。"

"叔叔，我们回去了，下次再来帮您运货。再见！"

望着渐渐远去的两兄弟，卡莫基先生为他们的动手动脑能力而惊叹不已。

父母的鼓励和引导

威尔伯上小学以后，奥维尔也被母亲送进了幼儿园，因为他在家里东游西逛的，老惹妹妹哭闹。

每天早饭后，奥维尔都很快地收拾好装束，乖乖地与妈妈告别，自己一人去幼儿园。

当然，幼儿园离家很近，妈妈一时离不开幼小的妹妹，也就应允了。

每天到了该放学的时间，奥维尔也总是按时回到家里，天天如此。

当妈妈关心地问他在幼儿园学习情况时，奥维尔总是瞪起圆圆的亮眼睛，大声笑着说：

"一切都很好呀！"

可是，奥维尔从来不说幼儿园里的具体情况。

一个多月过去了，一天，妈妈偶然路过幼儿园，被一阵嘹亮的歌声吸引住了。她情不自禁地走进幼儿园里，想看看儿子唱歌时的情景，并向老师了解儿子的表现。

"我希望我的儿子在这儿还守规矩。"母亲对老师说。

"什么？"老师吃惊地瞪着她说，"你知道，自从他来过几次以后，我一直没有再见到过他。我还以为你决定把他留在家里呢！"

曾受过高等教育、有理智的母亲并没有在当晚就责备小儿子，而是不动声色地细心观察了他两天。母亲尾随他的行踪，发现他绕过了幼儿园，去找小伙伴爱德森玩耍。

他们俩正在屋子里摆弄一台老式缝纫机，两个孩子全神贯注用一支羽毛向机器的注油孔里加水来润滑机器零件。

母亲出神地看自己的儿子在拆拆弄弄这些机械，只能无可奈何地摇着头："唉！5岁的孩子不去幼儿园唱歌，却一个人跑来这个鬼地方摆弄机器，怎么办？如何引导他？是否允许他不上幼儿园？"

几天以后的一个晚上，碰巧密尔顿传教经过代顿市，就顺路回家看望孩子，他已经有好几个月没进家门了。

当风尘仆仆的父亲真的站在家门口时，迎接他的家人有妻子苏珊及老大路易和老二罗林。

"威尔伯和奥维尔呢？"

父亲环视屋里四周，没看见那两个孩子，便问道。

"别提了，这两兄弟老不在家，威尔伯一大早就出去了，奥维尔被辛斯叫走了。"

苏珊用围裙擦干自己的双手，接过丈夫的行李，向丈夫诉说着。

密尔顿激动地张开双手，将苏珊和两个孩子拥抱作一团，亲亲妻子又亲亲两个儿子，并喃喃地说：

"你们都好吧！快想死我了！"

这时奥维尔与好友辛斯正在卡莫基叔叔家里。因为卡莫基先生专门修理各种机械，店里堆满了各式各样的机器，这里就成了孩子们向往的地方。

卡莫基先生为人和蔼，对爱好机械的孩子们尤为亲切。现在正不厌其烦地给奥维尔和辛斯讲机器的故事。

二哥罗林突然从卡莫基家的一扇窗户探进头来，大叫道：

"爸爸回家啰！"

奥维尔一蹦而起，连声喊着：

"再见！明天见！"说着，就出了门。

奥维尔回到家中的时候，父亲正在盘问威尔伯，但语气却充满了慈爱和关切。

威尔伯说：

"安娜婶婶家的缝纫机出了故障，踩起来老是嘎嘎作响，她的孩子来叫我去看看。"

"修好了吗？"父亲微笑地问。

"我看来看去，什么地方都检查过，没发现什么大问题，只是有的地方生了锈，我就在那生锈的地方涂点油。现在缝纫机踩起来就没有那种响声了。"

"这就对了，做什么事情都要下决心将它做好，就像你今天修缝纫机那样，要想方设法将它的毛病找出来。"父亲赞许地点点头。

"爸爸！"奥维尔一下扑到父亲怀里。

奥维尔知道爸爸最喜欢自己，因为爸爸常夸自己长得最漂亮，最像妈妈。这时的奥维尔正得意地在爸爸的身上爬上爬下。

父亲一把将他高高举起，小儿子顺手摸着父亲下巴上的胡茬，咯咯地笑了。

"奥维尔，你不去上幼儿园了怎么不和妈妈说呢？"

父亲将儿子放下，用手指刮着他的小鼻子亲切地问。

奥维尔瞪圆了小眼睛，望望爸爸，又望望妈妈，脸羞红了，小手不断摸着爸爸胸前的铜纽扣。

忽然，小家伙伏到爸爸的肩膀上，在爸爸的耳边悄声说：

"爸爸，我讨厌幼儿园，我觉得每天与辛斯上卡莫基叔叔家看机器比上幼儿园有趣得多。这件事我没有事先征得妈妈的同意。我错了。"

爸爸轻轻地抚摩着奥维尔的头发，又瞅了瞅在一旁微笑着的妈妈，意味深长地说：

"爸爸妈妈希望你们长大能成为有作为的人。既然你们从小就像外祖父那样对机械感兴趣，我并不反对，不过无论做什么事，都得向妈妈说清楚。只要有道理，大人都不会反对。希望你们今后注意这一点，好吗?"

正是莱特父母对莱特兄弟这种特殊的教育。他们充分相信自己的孩子，尊重孩子的个性，尊重孩子们的兴趣爱好，从不逼迫他们去从事父亲的宗教事业。

他们热情地鼓励和引导孩子们追求新知识，接受新事物，希望孩子们按照自己的意愿去走自己的道路。正是父母的极大鼓励，才使得莱特兄弟在未来的航空道路上一直走下去。

渴望拥有鸟儿的翅膀

"为什么蝴蝶会飞，老鹰会飞，鸽子也会飞，就是我们人不会飞呢？"

莱特兄弟对于飞翔无限向往。

"看啊，天空中的那只老鹰，它飞得多么自由自在！"

威尔伯坐在草地上，对另一边的奥维尔说道。

威尔伯发现奥维尔根本就没有把他的话放在心上，低头一看，原来奥维尔正在草地上忙碌着。

"奥维尔，你在草地上干什么呢？快看天上呀！不然就看不到了。"

"哦！哥哥！不着急，我正准备抓一只蝴蝶呢！哥哥，过来帮帮我，多么漂亮的一只蝴蝶呀！我可喜欢了！"

威尔伯满不在乎地说："蝴蝶有什么重要，你快看天上的老鹰吧！雄鹰才是我们的目标呀！蝴蝶有什么好的，它又飞不了那么高。"

奥维尔往前一扑，一只拳头般大小的黄色蝴蝶，从他的头上飞了过去。奥维尔扑了个空。

"它飞走了。"奥维尔说着站起来往前追去。

"没有，怎么会呢？还在那儿盘旋呢！还可以看到，那里！在东面呀！"威尔伯抬头望着天空说。

等了一会儿，他还是没听到应声，威尔伯觉得不太对劲，他回头一看，只见奥维尔已经去追蝴蝶了。

威尔伯忙喊道："奥维尔，你别跑那么快，会摔倒的。"

"哥哥！你快来帮帮我，不然就抓不住了。"

"好吧！可是那只老鹰会飞走的。"威尔伯说。

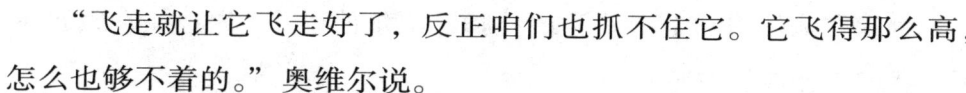

"飞走就让它飞走好了，反正咱们也抓不住它。它飞得那么高，怎么也够不着的。"奥维尔说。

"是呀！"威尔伯回答他说，"要是我会飞就好了，我也飞那么高，一定能把它抓住。"

奥维尔说："可是你没有翅膀怎么会飞呢？快来，这只蝴蝶又要飞走了。"

威尔伯跑了过来，说："你的脚步轻点儿，不能扑，不然它又会飞走，就算你那样抓住它，也会把它弄坏的。"

"那怎么办呢？"奥维尔看着他说。

"瞧我的。"威尔伯把他的衬衫脱了下来，轻手轻脚地向那只蝴蝶靠近，等到走到只有一步远了，他把衬衫展开，猛地向下盖去，然后就把那只蝴蝶压在衬衫底下了。

"会不会压死它？"奥维尔看着地上的衣服说。

"不会的，衬衫那么轻，我又没使劲，你瞧，它在这里，它还会动呢！"威尔伯说着，把在衬衫底下扑腾的那只蝴蝶轻轻按住，然后又把它轻轻捉住。

"噢！总算逮住它了，让我看看。"奥维尔赶忙跑过来，看着威尔伯手里的那只蝴蝶说，"它真漂亮呀！"

威尔伯看着手里的蝴蝶说："它为什么会飞呢？"

"它有翅膀呗！"奥维尔想也不想地回答。

"可是小鸡也有翅膀呀！为什么小鸡就不会飞呢？"

"不知道，也许老师能知道。"

威尔伯说："老师也不知道，有一次我问他为什么鸟儿会飞那么高，为什么蝴蝶飞那么低呢？老师就没告诉我答案。"

"他说什么？"奥维尔问。

"他说，这是上帝的安排。可是上帝为什么不让我们飞起来呢？"

"也许妈妈知道答案，我们可以去问问她。"奥维尔回答说。

蝴蝶在威尔伯的手中不停地扑腾，威尔伯说："你看，它想要飞了，我们不如放了它吧！"

"放了它，多可惜呀！"奥维尔说，"不过逮着也没用，让我来摸摸再放吧！"说着他从威尔伯手中把那只蝴蝶接了过来。"多漂亮呀！瞧它的翅膀，真舍不得放它。"

"还是放了吧！"威尔伯说。

"好吧！"奥维尔说完，把手展开，那只蝴蝶在他的手中稍停了一下，然后一展翅，又飞往草丛中去了。草丛中开满了鲜花，迎风晃动，特别好看，还有好几只蝴蝶在不停地飞着。

威尔伯看着它们，说："为什么它们不往高处飞呢？"

"因为它们的翅膀没有老鹰的大。咦？你说的鹰呢？怎么不在天上了。"奥维尔抬头看着天上说。天空一片湛蓝，微微有一点儿白云，那只鹰早已不知去向了。

"你看，那边有一群鸽子飞过来了。"奥维尔指着天空说。

"它们飞得多么自在啊！我要是会飞就好了。"威尔伯对能够在天空中飞翔很是向往。

"是呀！你看蝴蝶也会飞，鹰也会飞，鸽子也会飞，就我们俩不会飞，真没劲，哥哥！我们也想法飞起来吧！"奥维尔说。

"要想在天上飞，除非我们自己有翅膀。"

"那我们做一个不就行了吗！我们可以找一些鸟的毛，用它们的翅膀来做一个。"奥维尔天真地说。

"这是个好主意。可是我们去哪里找那么大的翅膀呢？鸽子的翅膀也没有那么大。就算是老鹰的翅膀，也不够做成我们人这么大的。"

"我们回去问问妈妈吧！她会有办法的。"在奥维尔心中，妈妈是无所不知的，有不懂的问题只要问妈妈就可以解决了。

"好吧！"兄弟俩高高兴兴地一同回家去了。

期盼父亲的礼物

　　莱特兄弟的父亲密尔顿·莱特，常年都在附近的村镇进行传教活动，一年难得回家一次。所以每一次密尔顿回家的时候，都成了一家人的节日。

　　密尔顿每次回家都会选一些礼物送给孩子们，所以威尔伯、奥维尔与妹妹凯特经常向妈妈询问父亲什么时候回来。

　　一天，莱特兄弟和凯特正在房间里摆弄一个新的玩具，这个时候妈妈进来告诉他们说："孩子们，告诉你们一个好消息，爸爸要回来了。"

　　"真的吗？妈妈！"

　　"是的，刚才镇上的传教士带来了爸爸的口信，说你们爸爸今天中午就能回来了。"

　　爸爸要回来看望他们，威尔伯三人可高兴坏了，于是他们一直盼望着，盼望着，计算着爸爸回来的时间，调皮的弟弟奥维尔更是时不时地跑到门口去张望着，希望爸爸能早点儿回来。

　　时间在孩子们的等待中一分一秒地过去，父亲终于回到了家中，当被阳光晒得黝黑的父亲的身影一出现，孩子们便跑出来迎接了，争先恐后地问候着父亲。

　　"爸爸！"

　　"爸爸您回来了！"

　　"妈妈快来，爸爸回来了！"

　　"啊！你们都长高了。"

　　父亲笑呵呵地分别吻着威尔伯、奥维尔和凯特的脸蛋儿。

"我不在家的时候，你们都听妈妈的话吗？"

"我们都听妈妈的话。"孩子们说。

"是啊！他们都很听我的话，都有进步呢！"听到孩子们欢呼的母亲也出来了，在旁边高兴地对密尔顿说，"好啦！孩子们，现在，让我们来为你们爸爸的平安回来给上帝做个祷告吧！"

父亲密尔顿站起来开始祷告，母亲和孩子们也低下头去，和父亲一起默默祷告。

祷告刚刚结束，威尔伯和奥维尔兄弟就迫不及待地拉着父亲的双手说道："爸爸！有没有买东西给我们？"

父亲哈哈大笑道："当然有了，不过威尔伯、奥维尔，你们要学会谦让知道吗！要懂得照顾你们的妹妹。"

"知道了，爸爸！"

父亲坐了下来，指着自己背来的大箱子对威尔伯、奥维尔和凯特说："你们猜猜看，我给你们带来了什么礼物？"密尔顿一边说，一边解开箱子的带子。

"爸爸，是什么？"

"这么大的箱子装着，一定不是普通的玩具。"

密尔顿笑着将一个包裹送到女儿凯特的手上说："孩子，这个是给你的礼物，快打开看吧！"

"呀！好漂亮的洋娃娃，眼睛还一睁一闭呢，真好玩！"凯特高兴极了。这是她的礼物。

站在旁边的威尔伯和奥维尔，脸上呈现出一副期待的神情，密尔顿看了他俩一眼，笑着从箱子里取出一个非常精致的方形盒子，交到威尔伯手中，说道："给！这是给你们兄弟俩的，你们一定猜不到，它会让你俩大吃一惊的。"

威尔伯满脸疑惑地打开盒子，奥维尔在旁边聚精会神地看着，眼睛都没眨一下，屏气注视着这个盒子。

"咦！这是什么东西？"

兄弟俩惊奇地瞪大了眼睛，盒子里装着一种在弯曲的竹子上用红绿色纸做成的奇妙东西，兄弟俩以前从未见过这种东西。

"来，让我告诉你们。"

父亲一边说着，一边从盒子里面将东西取出，原来那是一只纸做的蝴蝶，软木做的头部，一双漂亮的大翅膀是用细竹子编成的，外面糊上美丽斑斓的彩纸，就变成了这只美丽的纸蝴蝶玩具了。

父亲把"蝴蝶"拿在手中，对他们说："它看上去像是一只蝴蝶，它的真名叫飞螺旋。来，爸爸先玩给你们看看。"

父亲的手里放着一个被手帕遮盖的东西，然后他把礼物抛给他们。

那个像蝴蝶一样有着两只大翅膀的东西并没有落进他们的手里或者掉到地板上，而是升上了天花板，在房子的上空呼哨呼哨地飞了好几圈才落下来。

威尔伯惊呆了，怔怔地望着那只会飞的纸蝴蝶。奥维尔则拍手雀跃着，并跑进厨房拉着妈妈出来看热闹。

制作会飞的纸蝴蝶

父亲从地上捡起那只刚落地的纸蝴蝶，对大家说，"这个飞螺旋是一个叫阿尔方斯·佩诺的法国人发明的，它是用软木、竹片和薄纸制成的。"

"它十分轻巧，只要拉紧橡皮筋，就能给它提供足够的动力，使它在空中飞行好几秒钟。"

父亲用左手拿着纸蝴蝶的腹部，右手拉紧藏在腹部的橡皮筋，说道："只要转50次，下面的橡皮筋就绕紧了。只要你一松手，橡皮筋就立即放松还原，它就会飞起来了。"

父亲的话音刚落，纸蝴蝶又嗡嗡地在房子上空飞起来。

父亲带着钦慕的口吻继续对孩子们说："阿尔方斯·佩诺，这个在短短一生中经常生病的科学家，早在1871年就发明了各种类型的玩具飞行器，包括直升飞行器和水平飞行器，同时他还是用橡皮筋提供动力的创始人！"

威尔伯和奥维尔两个人都是第一次见到这样的东西。他们原先以为只有鸟和蝴蝶什么的有翅膀的动物才能在天空飞翔。可是，现在这只人工制作的飞螺旋玩具，却也能够飞起来。这给他们的头脑带来很大的冲击。

"爸爸，既然人能做出玩具飞行器，也能做出载人的飞行器吗？"奥维尔极富想象力的天真的问话使得父亲吃惊不小！

"爸爸，假如我们身上也装上一对翅膀，不就可以像鹰那样自由地在天空中翱翔了吗？"威尔伯大了几岁，提出的想法虽说奇怪，不过也有点根据。

凯特听到两个哥哥说人会飞，于是将两只小手伸直，像鸟一样在房子里兜圈圈。

爸爸想了想，开始向两个孩子讲开了有关人类渴望飞行的故事。

"你们小时候不是从外祖父那里听说过魔毯的故事、乘坐飞扫帚的女巫、波斯国王卡考斯将几只雄鹰套在他的御座上让雄鹰带着他在空中飞行的故事，还有波兰贵族、黑衣魔术师特瓦尔多夫斯基骑在雄鸡背上飞到月亮上去的故事吗？"

两个孩子若有所思地点了点头。

"还有许多著名的传说，"爸爸接着讲道，"那不勒斯有个工程师叫代达罗斯，他与儿子伊卡洛斯被国王监禁，为了逃出来，他们用蜡和羽毛为自己制造了翅膀。"

"他们成功了，父亲飞回了那不勒斯，但儿子伊卡洛斯对自己的飞行实践欣喜若狂，将父亲的忠告抛在了脑后，而飞得离太阳太近，致使蜡熔化，羽毛翅膀脱离了自己的身体，坠海身亡。"

"还有中国在公元前就用风筝作为作战工具。18世纪载人的大风筝在东方就已很流行。1503年意大利学者丹蒂就用鸡的羽毛自制成翅膀试验飞行，结果摔了下来。"

"那段时间不少人用自制翼的方法飞行，结果都坠落身亡。在1784年，一个叫热拉尔的法国人设计了一架单翼机。在别的国家，热气球作为航行工具也成功地升上天空。"

"就是我刚才说到的阿尔方斯·佩诺，他在1871年就制造出一架用橡皮筋带动的单翼模型机，对机翼和尾翼作了精心安排，使模型机有了稳定性。"

"随后他又试验出两架单翼机，虽然没完全成功，但他设计的机身有封闭座舱、操纵杆等，可惜后来他自杀了。孩子，爸爸的知识有限，我刚才说的，书上都有，你们多读点书，会得到许多的知识，要知道，世界大得很呀！"

爸爸这番话像烙铁一样深深地印在了威尔伯和奥维尔的心里。这一对兄弟从中受到了启发，开始动脑筋思索一些问题。

威尔伯兄妹三人一有空就玩这只纸蝴蝶，而且百玩不厌。他们替换着绕橡皮筋，到外边去放飞。

各种各样的想法浮现在脑海之中，奥维尔的头脑一向聪颖敏捷，又善于观察，而威尔伯则是心灵手巧。

父亲常对母亲说："威尔伯是个物理学家，奥维尔是个发明家。要是他们兄弟俩密切合作，说不定会弄出什么大名堂的。"

密尔顿的看法是正确的。

素来喜欢动脑筋、爱思索问题的奥维尔找来了哥哥威尔伯，说道："哥哥，我们按照这只蝴蝶做一只更大的蝴蝶怎么样？说不定它还能飞得更高更远呢！"

威尔伯听完，点点头同意了。于是，兄弟俩就开始兴奋地进行他们的试验，看看那样的纸蝴蝶会飞得怎么样。

他们马上动手找材料，翻箱倒柜地拿出工具，开始削竹子糊纸张，没过多久，就做成了一个比父亲买的大一倍的纸蝴蝶，橡皮筋也多了一倍。

威尔伯聚精会神地绕橡皮筋，举手把它往空中一放，蝴蝶果然飞起来了，而且飞得更高，时间更长了。

"太棒了！奥维尔！"

"是的，哥哥。"奥维尔开心地答应着，他说道，"也许，我们应该再做一个比这个更大的蝴蝶。"

当纸蝴蝶落下来时，莱特兄弟决定做一个更大的蝴蝶，有了第一只蝴蝶的成功，他们信心百倍。兄弟俩立即动手，这次他们选用了更粗的竹篾，做成一个更大的蝴蝶，橡皮筋也增加了。

蝴蝶做好后，兄弟俩偷偷地在院子里试验。只见它飞起来后，并没有上升，反而"啪"的一声栽了下来。

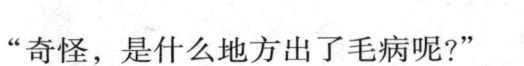

"奇怪，是什么地方出了毛病呢？"

兄弟两人疑惑不解，研究了半天，奥维尔认为翅膀不够大，威尔伯则认为要再多一些橡皮筋。兄弟俩根据自己的判断，改进了纸蝴蝶，加多了橡皮筋，又把翅膀加大了，但结果依然是失败了。

莱特兄弟并不气馁，威尔伯说道："一定是我们什么地方没有做好，弟弟，这一次我们重新做一个。"

兄弟俩放下原来的那个蝴蝶，又动手重新做了一个比原来更大的蝴蝶，但奇怪的是蝴蝶的体型越大，就越是不能飞了，这让俩兄弟郁闷不已，只好去请教父亲。

父亲知道了两兄弟竟然能够做出比买的蝴蝶大一倍的玩具，很高兴地夸奖道："哦？这个是你们做的吗？做得很不错呀。"

奥维尔一脸疑惑地问道："可是，爸爸！为什么我们做得越大，它就越不能飞了呢？"

父亲解释道："那是当然的。小小的纸蝴蝶，可以借助橡皮筋的力量，飞上天空。现在你们做的蝴蝶体积大，重量也不轻，单靠橡皮筋的力量是升不上天空的。"

父亲的解释让他们恍然大悟，原来体积增大了，飞行的动力并没有同样地增加到两倍或者三倍以上。

虽然知道了失败的原因。但是，一个更大的疑惑出现在了兄弟俩心头，他们都在思索，橡皮筋的力量不够，那么应该用什么做动力才能把纸蝴蝶送上蓝天呢？

从风筝得到的启发

莱特一家居住的代顿市有一种风俗，每逢春季，大家都喜欢放风筝，彼此比赛，看谁的风筝放得高，尤其是孩子们的兴趣更浓。

莱特兄弟下决心制作一只漂亮精美的风筝去参加比赛，争取飞得最高。威尔伯和奥维尔先是弄来一些竹子，把它们削得细细的，然后把这些竹片扎成各种形状，糊上纸。最后，威尔伯还在纸上画上星条旗或各种鸟类图案，涂上五颜六色的色彩。

比赛开始了，许许多多的少年们集聚在一起，放飞他们各自的风筝。阳光和煦，春风荡漾，正是放风筝的好时候。

威尔伯手拿线轴，轴上卷好了一圈圈的坚韧的细线。他对奥维尔说："你拿着风筝，当我说好的时候，你就放手。"

威尔伯察看了一下风向，喊了一声"好"，便顺着风势一个劲儿地往前跑。风筝随风上升，慢慢地越升越高，奥维尔兴奋得高声大喊，边叫边跳，高兴极了。

他们的风筝，过了不长时间，就超过了其他的风筝，渐渐成为飞得最高的风筝，赢得了同龄少年朋友们的一片喝彩声。

"加油，威尔伯！"许多孩子和奥维尔一起叫喊。

许多孩子便围着威尔伯问："威尔伯，你能告诉我们为什么你的风筝能飞得比我们的高吗？为什么我们的怎么赶都赶不上你的呢？"

"因为我和奥维尔做风筝的竹篾细，体重较轻。"威尔伯兴奋地回答道。

等到孩子们都离开之后，奥维尔问道："哥哥，风筝在逆风的时候被吹成弓形，反而上升得更快，这是什么缘故？"

"这我也搞不清楚。"威尔伯回答不了弟弟的问题，年幼的威尔伯还不懂得曲面比平面更具浮力的道理。

由于威尔伯和奥维尔的风筝不仅美丽耐用、坚固，而且飞得高，所以每当春季来临时，邻近的许多少年都来向他们请教。于是他们制作了一些风筝出售，一个春季也能赚到不少零用钱。

有一天，威尔伯和奥维尔在外面放风筝玩累了，就躺在像地毯似的绿草上休息，看到有两只老鹰在天空翱翔。

"啊！你看，那老鹰多自由，要怎么飞就怎么飞，完全随心所欲，假如我们也能像老鹰那样在天空中飞来飞去，那该多好啊！"威尔伯对躺在旁边的弟弟说。

"人也能像鸟一样在天空中飞吗？"奥维尔对哥哥会有这种奇怪的想法很惊讶，不禁反问一句。

"假如我们身上也装上一对翅膀，不就可以飞起来了吗？"威尔伯解释着。

"对！只要装上一对翅膀，人就可以像鸟一样到处飞翔了。"

奥维尔的话还没说完，远处传来大哥喊他们回去吃晚饭的声音。充满幻想的两兄弟，站起身来，拿着风筝，往回家的路上奔去。

在吃晚饭的时候，奥维尔把哥哥威尔伯的想法告诉了大家，引起了路易和罗林的大笑。

"人怎么能飞上天呢？简直是痴人说梦！"路易断然地予以否定。

"鸟有翅膀，所以才能飞，人的身体这么重，即使装上翅膀，也飞不上去啊！"罗林附和着说。

倒是母亲非常理解她的威尔伯，她知道，威尔伯从小就喜欢各种机械，又富有想象力。虽然飞上天空的想法似乎有点儿荒谬，不过威尔伯的想法不无道理。

威尔伯只是低着头吃东西，一句话也没说，但他的心中，已经有了一个梦想，希望能飞上蓝天，像鸟儿一样自由自在地飞翔。

设计制作新爬犁

1877 年冬天，一场大雪降在美国的代顿地区，城郊的山冈上到处是白茫茫一片。一群孩子来到盖着厚厚白雪的山坡上，乘着自制的爬犁飞快地向下滑去。山坡上顿时响起阵阵笑声。

孩子们欢快地玩着，在他们的身边，有两个男孩静静地站着，眼睁睁地看着欢快的爬犁从上而下滑过。

威尔伯叹道："嗨！要是我们也有一架爬犁该多好啊！"

奥维尔噘着嘴说道："谁叫我们爸爸总不在家呢！"

威尔伯和奥维尔的父亲密尔顿总是外出传教，没有时间给他们做爬犁，而且即使他们的父亲不外出传教，在家的时候，也会忙着教会的事，还是没时间去制作爬犁。

威尔伯和奥维尔只好站在那里呆呆地看着别的孩子玩，自己干着急。开始的时候他们帮别的小朋友们推爬犁，这样别的孩子休息时，就会叫他们去玩一玩爬犁。当莱特兄弟玩到高兴的时候，人家就把爬犁要回去了。

"奥维尔，咱们回家去吧！"威尔伯喊着弟弟一块回家去。

"哼！真没意思。这么大的雪，咱们没有爬犁玩。"奥维尔一路上小声嘟囔着。

忽然，奥维尔灵机一动，又接着说道："哥哥，我们自己动手做一个爬犁吧！"

威尔伯一听，顿时笑了起来，愉快地说道："对呀！我们自己也可以做。走，奥维尔，我们找妈妈去！"于是，两个孩子一蹦一跳地跑下山坡，向家里飞快地跑去。

房门开了，两个孩子早早地回来了。妈妈惊讶地问道："怎么啦？你们怎么不在外边多玩会儿呢？是不是和其他孩子吵架了？"

威尔伯一脸不高兴地说道："妈妈，别的孩子都有爬犁玩，我们有什么可玩的呢？"

"那有什么办法呀！你们的爸爸不在家里啊！"妈妈一脸无奈地说道。

"妈妈，咱们自己动手做个爬犁吧！"奥维尔鼓起勇气说出了自己的想法。在回家的路上他和哥哥就说好了要动手亲自做一个好爬犁去玩。两兄弟用渴望的眼睛看着妈妈。

"好哇！孩子们。"妈妈笑着答应了。孩子们从小就喜欢动手玩这玩那，喜欢制作一些东西。她相信威尔伯和奥维尔能够在自己的指导下制作一个好爬犁。

于是，兄弟俩跑到爷爷的工作房里，找到很多木条和工具，不假思索就干了起来。

"不急，不急。工具和木板现在还用不着。咱们要在做之前做一件事，你们猜猜看是什么事呢？"妈妈笑着阻止了迫不及待的兄弟俩。

小时候曾在爷爷的车轮作坊看见设计图纸的威尔伯脑中灵光一闪，说道："妈妈！是先要设计一下爬犁的模样。"

"说对了。威尔伯，你先去把纸、笔和格尺取来，咱们设计一下爬犁的结构样式。然后呢！你们就照着这个样式去做，就好了。"妈妈胸有成竹地说。

弟兄俩明白了这个道理，就同妈妈一起设计图样。"你们想要设计一个什么样的爬犁呢？"妈妈和蔼地问他们。

威尔伯说道："我想要约翰那样的，他的很高大。"

"不，哥哥。应该是布莱特那样的，他那个滑得很快。"奥维尔不同意哥哥威尔伯的观点，他希望设计成布莱特的那个样式。

妈妈听他们说完了约翰和布莱特的样式，就吸取他们的爬犁的各自优点，量了兄弟俩身体的尺寸，然后画出一个很矮的爬犁。这个爬犁由于借鉴不同样式，而显得格外的与众不同。

"妈妈，别人家的爬犁很高，为什么你画的爬犁这么矮？这能行吗？"奥维尔对纸上画的爬犁样式有些不满意。

"奥维尔，你错了，并不是爬犁越高就跑得越快。"妈妈又对他们解释道："要想叫爬犁跑得快，就得制成矮矮的。爬犁的这个样式，是为了减少风的阻力。在风刮得很厉害的日子里，迎着风前行，你们会感到费力是吧！玩爬犁也是这样。爬犁下滑时也会遇到风的阻力，设计得矮一点就能跑得快一点了。"

威尔伯和奥维尔兄弟俩这才明白，干任何事情都不应莽撞，应首先弄懂道理。

"奥维尔，你去把木板拿来！"威尔伯一边看图纸，一边紧张有序地指挥着，奥维尔欢快地答应着，兄弟俩非常积极地干起活来。妈妈在旁边看着，见他们齐心协力地干着，心里也充满了愉悦。

"咚咚！咚咚！"小仓房里传出干活的忙碌声，兄弟俩忙碌了一天，一个很别致、很结实的爬犁静静地放在小仓房里，威尔伯和奥维尔满怀喜悦地看着这个由他们自己设计、制作出来的爬犁。

"孩子们。祝贺你们，你们干得非常漂亮！"妈妈非常高兴地称赞道。

"妈妈，不单单是这样，你看，我们在做的时候……"威尔伯指着爬犁的两条腿说。

"哎呀！这是怎么弄的？你们涂上了什么？怎么这样光亮？"妈妈满脸惊奇地问道。

奥维尔一脸自豪地说道："妈妈！这是我们用蜡烛蹭过的，这样一来，爬犁运动时就会遇到更少的阻力，也就能跑得更快了。"

妈妈发自内心地表扬道："你们进步真快，竟然能够想出这么好的主意。快去外面和小朋友们一起玩吧！"

　　莱特兄弟满心期待地把爬犁推到小山冈上，刚放在山坡上，就跑来了一个男孩。

　　"快来看呀！莱特兄弟扛了一个怪物！"这个男孩大惊小怪地叫道。

　　不一会儿，孩子们都围了上来，指手画脚地议论着这个怪模怪样的东西。

　　"你们看看，谁家的爬犁这么丑啊！"

　　莱特兄弟不以为然，勇敢地说道："爬犁行不行，好不好，比过就知道了。你们谁敢和我们比赛！"

　　"好，比赛就比赛，谁怕谁！我先来。"先前跑过来的男孩连忙叫道，说完，就把自己爬犁拉了过来。

　　孩子们在山冈上把爬犁排成一排，一起开始比赛。

　　口令一发，许多爬犁就一起从山冈上滑了下来。威尔伯的爬犁一马当先，冲在最前边。渐渐地，他们把别的小朋友的爬犁远远地甩在后面，第一个冲向终点。

　　比赛结果，当然是莱特兄弟获胜，孩子们再也不嘲弄这个爬犁了，反而围起来左瞧右看，似乎想从中找到什么。

　　莱特兄弟非常高兴，带着胜利的喜悦回家去了。

勤于制作小玩具

秋天是孩子们最喜欢的季节。在收获的季节里，各种各样的瓜果都可以饱餐一番。威尔伯和奥维尔兄弟俩尽情地享受这收获的喜悦。他们在玩耍时捡来了许多熟透掉落在地上的胡桃和橡子。回到家里，他们把胡桃、橡子分别排列起来。

脑筋灵活的奥维尔说："哥哥，我们能不能将这些硬壳的果实，做成有趣的玩具呢？"

听到弟弟这么一说，威尔伯深思了一会儿，突然，他转身往仓库奔去，边跑边对弟弟说："奥维尔，你先等着，我去拿工具。"

不一会儿，威尔伯手里提着他的小小工具箱来了。

"喏！你看，我用一根铁钉钉在上面，不就成了一个陀螺了吗？"威尔伯边说边拿起一个橡子，比画给奥维尔看。

陀螺很快就做好了，威尔伯把它递交给奥维尔说道："你试试看。"

奥维尔接过哥哥自制的玩具，手指捏住钉子，用力旋转往地下一放，陀螺只转了几圈就倒了下来。

威尔伯见状，若有所悟地说道："我知道了，陀螺的上部都是平的，我应该把它削平才对。"随即，他又选了一个较大的形状好的橡子，先用小刀将上端削平，然后再钉上钉子，改良的陀螺完成了，他又交到奥维尔手上，让他去试转。

这一次，果然转得又快又稳，弟兄俩高兴地拍手大叫。他们一口气做了许多陀螺，送给了身边的小朋友们。

在冬季来临之前，威尔伯和奥维尔制作了一个轰动附近村落的雪橇。兄弟俩设计了一个简单的图样，然后他们到卡莫基先生那里要来了一些废料，就动手制作起来。他们制作的雪橇可以自由转向，在雪地上滑行时，能够按照操作者的意向滑行。

这个雪橇的制作，引来了人们羡慕的眼光。邻居们都知道这两兄弟中的弟弟思绪敏捷，喜欢搞创造发明。哥哥心灵手巧，喜欢动手制作东西。这哥俩无论做什么事都互相帮助、亲密合作。

听到邻居们的夸奖，母亲心里非常高兴。母亲把邻居们的夸赞告诉了丈夫密尔顿，密尔顿听了，微笑着说："这两个孩子都对机械感兴趣，最难得的是，他俩在一起时，始终是亲密无间，因此才能制作出那些精巧的玩具。我看，他们的兴趣，多半是来自他们祖父的遗传。"

莱特兄弟的祖父丹·莱特是一个很能干的人，擅长打造载货车，在当时，这种载货车是搬运农作物和装载其他货物必不可少的重要交通工具。

莱特兄弟经常到制造车轮的爷爷那里去玩。爷爷的车轮作坊里有各种各样新奇好玩的东西。莱特兄弟二人总是东看看，西瞧瞧，并且不时地玩这玩那。

"哎，不能碰，这个不能碰，危险！别割着手呀！"

每当威尔伯和奥维尔玩作坊里的机器工具时，爷爷都要小心翼翼地看着他们。当爷爷休息时，爷爷便告诉他们各种器械的名字及用途，还告诉他们正确的使用方法。小兄弟俩听得可有滋有味了，聚精会神地听爷爷讲。

莱特兄弟俩听着爷爷的话，看着爷爷干活，可是，他们心里也很想亲手去玩一玩，动手削割木板。

爷爷看出了他们的心思，就指着旁边的削割余下的边角料，对他们说："哈哈。就知道你们想玩，把这些小木块给你们吧！到旁边自己玩去吧！不过不要在机器前玩。"

兄弟二人就在作坊的一边玩起来，他们把这些小木块当积木玩。

不知不觉天快黑了，快要吃晚饭了，这个时候妈妈来了。

"妈妈！妈妈！这房子向上怎样盖呀？"

奥维尔想让妈妈为他出个主意。

"你看应该怎样盖呢？要动动脑筋，好好想一想。"

妈妈总是这样，她面对孩子们的请求，总是想方设法去引导他们，而不是告诉他们做的方法，让孩子自己去想，去动手做。她总是不厌其烦地去引导他们，启发他们。

奥维尔把手从盖得很高的房子上挪开，喊叫着："妈妈！这样。您看，我盖好了。"

"妈妈，我盖的房子才是漂亮好看又坚固的房子呢！"看见弟弟盖好了，哥哥威尔伯也在妈妈面前炫耀着。

"你们两个盖得都不错，各有各的特点。要是你们两个人合起来，我看呀！一定会盖一座又大又好的更漂亮的房子的。不过现在，我们该吃饭去了。"

在家中的时候，兄弟二人就喜欢摆弄一些旧钟表，把它们拆开来看，再装回去，妈妈也并不怎么反对。每当父亲回家的时候，就成了哥俩的节日，他们快乐地问这问那，而父亲也总是非常乐于回答他们的问题，从不呵斥他们。这是一个快乐温馨的家庭。

青春的搏击

　　每个人都有一定的理想，这种理想决定着他的努力和判断方向。

　　　　　　　　　　　　　　　　　　　　　—— 莱特兄弟

在学校的生活

在代顿市，奥维尔还在其他方面显示了自己的才能。他对老师还没有教的课程有着极强烈的好奇心，他有着足够的智力去学好它们。

"爸爸，我不想再上二年级了，我想学习三年级的课本。"

有一天，8岁的奥维尔这样对父亲说道，原来他对现在正在学习的二年级课程已经厌倦了，迫不及待地想要学习到更多的知识。

"谁能够熟练地朗读二年级的全部课文，谁就能立刻升级，不必等到学期结束就开始上三年级的课。"在奥维尔表示希望跳级之后不久的一个上午，也就是在那个学年的中期，校长走进了奥维尔所在的班级，大声地宣布道。

老师选了好些成绩优秀的学生进行测验，就像通常那样，他们听到呼唤自己的名字，便一个个地到老师那儿朗读课文。

奥维尔很紧张，生怕不能充分发挥自己的水平。事后同学告诉他，他当时把书都拿倒了，这使他大为惊恐。

尽管如此，奥维尔还是准确地读完了所有的课文，因为他早已把课文熟记在脑子里了。他终于跳了一级。

"我现在是三年级的学生了。"奥维尔一回到家就自豪地宣称道。

"呵！这真是巧极了，"父亲说，"就在今天上午，我为你买了你想要的三年级的课本。不过今天下午你们要向学校请个假，我准备带你和威尔伯到照相馆去照相。"

于是，这张照片在奥维尔眼中就成了他一生中那个重要事件的纪念品了。

在学校中，奥维尔通过组建一支"军队"也显示出他的才能。

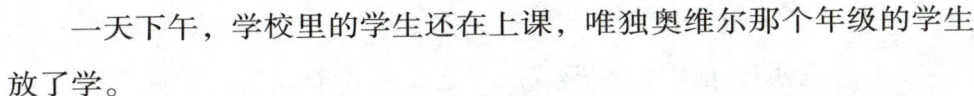

一天下午，学校里的学生还在上课，唯独奥维尔那个年级的学生放了学。

奥维尔忽然产生了一个奇想，在那些继续上课的班级外面列队行进，向教室的窗户扔石头，嘲笑那些一本正经地坐在教室里的孩子，一定会很有趣。

他的想法得到了朋友伯特·沙弗的支持，于是他向班上另外12个男孩子提议，他们应该组成一支军队，凡事要有组织地行动，而不要个人单独活动。

由于提出了这个建议，曾经读过一些拿破仑故事的奥维尔理所当然地做了将军。军队里还得要有上校和上尉，事实上，他们把他们所知道的一切军衔的名称都用上了。

没有枪支，他们不得不用木棍代替，这些木棍都是从学校外围松动的围篱里拔出来的尖桩。一切都进行得不错，直到有一天一位学校工友发现了他们的"违法"活动。他开始追逐孩子们，很明显他是想让他们全都当俘虏。

一个孩子在工友钻篱笆的时候向他那边扔了一块石头，才使他没有再继续追下去。孩子们逃到很远的一条小巷子里。

"军队"里所有的"军人"都相信星期一早晨返校后，他们准会挨一顿整。

"我们不会有事的，"心里七上八下的奥维尔说，作为一名"指挥官"，他要鼓起"军队"的士气，"只要我们抱成一团，他们就不能把我们怎么样。"

奥维尔爬上巷子里的一个大木箱上，提出了要大家做到的事项。他说老师很可能会叫工友认出来的两三个孩子站起来，并且会在放学后让他们留校。

要是老师叫他们中的一个人留校，那么大家都不要回去，要表现出大家是团结一心的。

小奥维尔引用了一句名言说道："大家为一人，一人为大家。"

第二个星期，他们全都返校后，老师并没有说过一句暗示要对孩子们进行惩罚的话。可是在下午放学后，她忽然叫奥维尔留下来。

按照约定，"军队"里的其他成员都留在了自己的座位上，眼巴巴地望着老师，人人的心弦都绷得紧紧的，都能清楚地听到自己的心跳得咚咚作响。

"奥维尔，你到讲台来！"老师的脸有点严肃。

奥维尔的脸涨红了，一步一回头地向讲台走去。这时其他的"军队成员"也不约而同地离开座位，向老师走去。

"其他的人都离开，"老师下命令了，"我不明白你们为什么还待在这儿，现在放学回家！"

老师既然这样说了，其他的人也只好乖乖离开了。

奥维尔走到讲台旁时，老师说："你讲过你能在下个星期五排练时准备一首歌。"

接着，她非常友好地谈到在即将到来的学校文娱节目会演中奥维尔的演出任务。

看起来，老师并不知道他们的"军队"在校园里无法无天的行径，也可能是那个工友因为自己没有逮住"逃犯"，感到难堪而没有把那件事向校方告发吧！

养成勤俭节约的习惯

1882 年，密尔顿主教的职务有了变动，莱特一家从代顿市搬到了印第安纳州的奇蒙特。

不论搬到什么地方，威尔伯和奥维尔两兄弟都受人欢迎。因为他们聪颖过人，爱动脑筋，好钻研，很有首创精神，又讨人喜欢。

在奇蒙特，莱特兄弟经常在一起观察翱翔在天空的飞鸟。只见它张着翅膀，一动不动地滑翔。

威尔伯心里颇为纳闷，就问弟弟："你瞧，那只鸟的翅膀并没有拍动，可是却掉不下来，它是靠什么力量飞行呢?"

一向善于观察、头脑聪颖的奥维尔说："我想，可能是因为它的翅膀是曲线的关系，所以能在空中停留。"

威尔伯看着天空中飞翔的鸟儿，感叹道："假如那只鸟大到可以让我骑在它的背上，我手握缰绳以控制方向，想到哪儿去就到哪儿去，那该多痛快啊!"

奥维尔哈哈笑道："哥哥! 我认为你骑在它的身上，还不如躺在它身上好，因为你坐着的时候上身顶着风，躺下来以后，才能飞得比较快一点儿。"

看着天上自由自在飞翔的小鸟，兄弟二人继续做着他们飞行的梦想。

威尔伯和奥维尔一心想制作一个体积较大、重量较轻的飞鸟，让它能够飞上天空。但是制作飞鸟的材料，都要花钱去买。他们的父亲挣的薪水只能够养家糊口，没有余钱供他们做试验。

这时父亲敦促他们平时多做点事，挣点零钱用于自己试验的花

销，千万不能让自己成为别人的负担，应该从小学会自立的本领。

莱特兄弟都遵照父亲的教导，养成了勤俭节约的好习惯，自己挣多少钱就花多少钱。他们收入的来源主要有三种。

第一种是他们在晚上帮母亲擦洗碟子，为此，母亲一般是每次付给他们一美分，有时候她还雇他们进行一些较小家具的修理。

奥维尔比较调皮，也更加好动，因此他比威尔伯花的钱多一些，于是他一次又一次地向哥哥借钱。不过奥维尔十分守信用，每次挣到钱首先还清债务，绝不拖延。

莱特兄弟的第二种赚钱方法是在附近的街上、庭院里搜集人们丢弃的骨头，将它们卖给一家磷肥厂。依靠这种方法他们积累了不少零花钱。

第三种赚钱的方法，就是制作一些玩具卖给附近的小伙伴，春天的时候他们不声不响地做起了风筝，莱特兄弟制作风筝使用的竹篾特别精细，分量都很轻，他们将这许多细细的竹片扎成各种形状，再糊上一层画有各种图案的彩纸。

因此，莱特兄弟俩制作的风筝不仅花色好，品种多，而且精巧，遇着气流常常会弯曲成弓形，能飞得很高很高，孩子们争相来购买，他们家里一时间门庭若市。

平时放学后或者在周末，莱特兄弟俩不是去教会叠报纸挣钱就是去一个链条厂捡废铜烂铁，然后用他们的"快速"手推车把废铁送到一个废品商的院子里。

莱特兄弟那时的工程之一就是建造一个木制的小车床。威尔伯认为太小，不满意，于是莱特兄弟合作建成了"大"机器，一台有两米多长的车床。

到了试车的那一天，吸引了附近许多孩子，他们都蜂拥到车库的楼上，急切地等待着。车床终于开动了，发出了一阵阵可怕的声音，隆隆的响声连车床本身都摇动和震荡了。

很明显，轴承里面的弹子不够坚硬，承受不了它所承受的压力。可是，车床怎么也会摇晃呢？

兄弟俩连忙跑下楼去查个究竟。

"凯特！危险！"

莱特兄弟俩走出门后，就看见妹妹凯特被一种无形的力量推到房屋的墙上。

原来，这是一股小龙卷风！楼上所有人都全神贯注于车床而没有注意到这股小小的气流！

这一段时间，母亲看见威尔伯和奥维尔两兄弟非常努力地赚钱，觉得很奇怪，就问道："孩子们，你们这阵子这么努力赚钱是为什么呢？"

奥维尔一脸认真地说："我们想做只飞鸟，但所需的材料很多，花钱很多，所以我们要设法多攒点钱。"

威尔伯补充道："除了做蝴蝶外，我还想用胡桃树枝做些木剑和木剑鞘卖给小朋友们。"

"那是你们外公的拿手手艺，你们怎么学会的？"听见孩子说要做木剑，妈妈吃惊地说道。

威尔伯自信地说道："我和哥哥曾经看见外公做过一次，因此我有把握，我相信我们一定也能做出来。"

兄弟二人到仓库里取来斧、锯，兴高采烈地到小山丘去伐胡桃树枝了。威尔伯腰带上插着斧和锯，敏捷地爬上树干，砍下一根树枝。不一会儿工夫，树枝就砍落了一大堆。哥俩捧着两大捆笔直的胡桃树枝回家了。

第二天放学后，哥俩放下书包就跑到后院，他们把胡桃树枝排列整齐，较细的一端朝向一边，威尔伯告诉弟弟："比较粗的一端要留下 15 公分做剑柄。"

奥维尔就用小刀在 15 公分处刻上一圈，在每根树枝上都留下明显的标记。

接着哥俩把两捆树枝搬到一块大石头旁边，奥维尔握紧剑柄部分，威尔伯用铁锤在树枝上用力敲击，奥维尔将树枝不时地转动，以便将树枝的每个部分都敲松，使树皮脱落下来。

当树皮全部敲松以后，威尔伯拿起其中的一根，一只手握着刀柄部分，另一只手从刀柄与刀身划分处向下一捋，这样，整个树皮就脱落下来了。

"你看，这是剑，这是剑鞘，刚好是一套。"威尔伯高兴地示范给弟弟看。奥维尔对哥哥钦佩不已。

兄弟两人制作的木剑，每把卖8美分。消息传开之后，很快就被附近的小朋友们抢购一空，使他们获得了一笔小财富。

父亲知道这件事情以后，抚摩着两个儿子的头，语重心长地说道："你们想要赚钱买制作飞鸟的材料是可以的，爸爸也支持你们。但爸爸不希望你们以赚钱为目的，做事应该以为别人服务为宗旨，凡事都要设身处地地为别人着想，切不可只顾自己而不顾他人。比如你们现在做木剑卖给小朋友，价格上要尽量便宜一点儿，懂吗?"

制作飞鸟的材料终于购置齐备，莱特弟兄两人每天放学回到家中，帮助母亲忙完家务，就赶紧制作飞鸟。兄弟俩彼此帮忙，合作无间，几天之后，终于完成了一只有强力弹性的大飞鸟。

兄弟两人兴致勃勃地跑到山上进行飞鸟飞行试验。哪里想到出师不利，飞鸟才刚飞了一会儿，就被树枝刮破了。莱特兄弟只能无奈地败兴而归。但这次飞鸟上天的试验却给兄弟俩将来制作一只会飞的"大鸟"打下了一个良好的基础。

组织马戏团表演

12 岁的奥维尔经常到邻居甘瑟家玩，因为甘瑟的父亲有一个专养珍禽异兽的车库。

一天，奥维尔又生奇想，利用这些鸟兽，尤其是那只巨大的黑熊和乖巧的灰熊，干一番事业。

于是，他决定与鸟兽的小主人甘瑟·约翰斯顿以及朋友哈里·莫罗组成三人马戏团，名字叫"大莱特—约翰斯顿—莫罗马戏团"。

16 岁的哥哥威尔伯决定为即将到来的马戏团表演向公众做宣传，写一份精彩的广告。他说这个广告应该登在奇蒙特市的《晚间新闻》报上。

威尔伯早就注意过写马戏团节目广告的方法，而他写的节目预告确实是一篇杰作。

他在新闻中写道："来自世界各地的成千上万只奇怪的飞禽都将进行展出。"

他还用了诸如庞然大物、巨大、惊人之类的辞藻。在字里行间，威尔伯表现得十分老练，一点儿也没有让人觉得他还是个孩子。

广告里说到"马戏团"的老板将亲自乘坐"铁马"在队伍前引路。文章结尾时，他还老练地指出了"马戏团"行进的路线，以便让观众们不致错过自由观赏的机会。

在文章的结尾，威尔伯还定出了演出收费的标准，那就是 3 岁以下的孩子收 3 分钱，其他人均收 5 分钱。

威尔伯把写好的广告交给奥维尔，要他投到本市的《晚间新闻》报社去。

孩子们簇拥着奥维尔，来到报社编辑部。当他们站在门前时，心里又害怕起来，你推我搡，谁都不敢进去。

过了好一会儿，他们才壮着胆子，走进门里，四处瞧瞧，看到确实没人注意他们时，一个孩子跑到投放新闻稿件的信箱前，把广告迅速地塞了进去，然后他们一溜烟地逃到了大街上。

《晚间新闻》报的编辑虽然无从知道写广告的作者是谁，但他对这份广告精妙的词语、老练的写法表示满意。

结果，威尔伯撰写的广告在1883年9月10日的《晚间新闻》报上占有了一个永久的位置。在标题下面，编辑加了一句话："男孩子们盼望的是什么呢？"

那一天，马戏团的两位老板，奥维尔和甘瑟安然地坐在游行队伍最前面的"铁马"上，它其实是辆高轮自行车。

而马戏团的第三号老板哈里·莫罗不得已缺席了，因为他的父母到密歇根州度假，他们不顾儿子的意愿，坚持把他带走了。

主要的游行车辆是一辆老式轻便马车，车上用木板临时做成平台，装有"成千上万只各类鸟"的一部分。

此外，车上还站着当代美国的英雄，一个美国边疆的开发者、政治家、传奇式人物、国会议员、被报章渲染成一个古怪而又机灵的"猎熊者"戴维·克罗克特。

这个角色原来决定由甘瑟老板的二弟科基来担当，但当他临上场时突然改变主意，他与甘瑟吵着想当第三号老板。

奥维尔忍无可忍，只好拒绝科基参加游行，临时改为由甘瑟老板的小弟弟，还不到5岁的小克里斯伍德担当。

小克里斯伍德穿着父亲的大猎装和长筒靴子，他那威风凛凛的豪气被那件该死的大猎装差不多从头到脚都罩住了。

然而他还是一丝不苟地站在车子的平台上用皮带缚住一只可怕的大灰熊。孩子们都说他是戴维·克罗克特最好的扮演者了。

当时虽然没有马来拉车，却有许多男孩子自愿像"奴隶"一样，拉着这辆大车穿街走巷。

威尔伯的广告所获得的成功比他希望的要大得多。当马戏团游行到他预定的那片商业区时，马戏团的游行引起了人们巨大的好奇心，街道两旁全站满了人，就像观看真正的马戏团一样。

奥维尔和甘瑟两位老板被人们的热情目光弄得惊慌失措了，他们开始感到很不自在，于是他们临时决定改变游行路线，马戏团匆匆忙忙拐进了一条小巷子。

马戏团游行惊动了千家万户，以至于甘瑟家的动物车库容纳不下这蜂拥而至的吵吵嚷嚷要求参观的观众。因此，老板们决定再组织一次游行表演。

正在这沸沸扬扬、群情纷扰的时刻，那个被拒绝当第三号老板的科基看到报复马戏团的机会来了。他爬上房顶向这些涌进车库去观赏珍禽异兽的大批观众们说，你们最好都各自回家，因为老板不会再进行另外的动物展出了。

人们听信了这个小男孩的话，怏怏不乐地散去了。

事后甘瑟老板挨了父亲的一顿臭骂，因为制作动物标本是他唯一的嗜好，他将这些珍禽异兽视为珍宝，不惜耗费巨资驯养在车库里，然而今天儿子将它们公布于众，这也难怪甘瑟的父亲大发雷霆了。

事隔好久，街头巷尾还在议论着"大莱特—约翰斯顿—莫罗马戏团"的事。

人们认为能够组织这样一个动物展览的孩子毫无疑问将来会干出点什么名堂来。许多人还说那个为游行给报纸写广告的孩子，不管他是谁，一定是什么人教他写出来的。

制作匣型风筝

时间在莱特兄弟俩的快乐成长中一天天地过去，在他们来到奇蒙特的第二年，美丽的春天又到了。

在这个季节，莱特兄弟俩制作的风筝又让他们足足地赚够了一笔零用钱。

眼看着春天就要过去，风筝的市场也就会过去，莱特兄弟不由得暗暗着急起来。

他们嘴上不说，心里都在谋划着下一步该怎么走。小小的年纪，他们却已经开始思索人生、经营人生了。

一天，莱特兄弟刚刚将手里的风筝全部卖完。弟弟奥维尔看着空荡荡的铺子，一副若有所思的样子。哥哥也开始沉默不语。忽然，弟弟灵机一动说道：

"哥哥，我突然间有一个好主意。"

"哦？什么主意？说来听听。"

威尔伯知道弟弟奥维尔向来思维活跃，说不定他还真的又有什么稀奇古怪的想法，而这一想法还真能为哥俩的下一步做好打算呢。

"哥哥，到了夏天，大家不是都喜欢玩花炮吗？我们能不能把花炮安到风筝上，说不定这样做还真能起到轰动性的效果呢？"

威尔伯听后，摇摇头说道：

"奥维尔，你的想法是不错的，可是你不要忘记了，到了夏天，晚上不大有风的，风筝能不能飞起来都是一个大问题呢？"

奥维尔也知道这个事实，但是他还是不想就此放弃这一想法，他说道：

"哥哥，有没有不用依靠风力就能飞起来的风筝呢?"

威尔伯也被奥维尔这种不服输的想法感染了，他若有所思地说道:"或许有吧!"

一个星期后的一天，威尔伯偶然从一本杂志上看到一段关于匣型风筝的报道，这段报道引起了喜欢制作风筝的威尔伯的极大兴趣。

匣型风筝的发明人，名叫郝哥莱伯，1805 年出生于英国，后来去了澳大利亚，在澳洲他成为一名技师。郝哥莱伯把自己研制匣型风筝的过程刊登在杂志上。

一次偶然的机会，威尔伯看到了郝哥莱伯的这种发明。威尔伯一见之下，立即就被迷住了，他仔细地研究了郝哥莱伯的发明，决定也做一个匣型风筝。

威尔伯把这件事告诉了奥维尔。当奥维尔看到这种匣型风筝的时候，他激动地跳了起来。

奥维尔激动地说道:

"哥哥! 哥哥! 你看，世界上真的有这种可以不靠风力也能升起来的风筝。"

威尔伯点头说:"是啊! 夏天晚上没有风，一般的风筝可能升不上去。但是这是两个灯笼制作的风筝，即使风力微弱，也能升得很高，是不是很神奇呢?"

"是呀! 哥哥! 郝哥莱伯真是天才呀!"

"这样一来，你不就可以达到目的了吗?"

莱特兄弟·青春的搏击

奥维尔激动地说道："哥哥！让我们也来做做看吧！"

"嗯！"威尔伯同意了，接着，他又压低声音叮咛说："别到处嚷嚷，要严守秘密。"

于是，兄弟俩又联手合作，开始尝试制作匣型风筝。威尔伯用量尺、三角板等绘制图案，奥维尔则去准备材料，削剪竹子，扎紧风筝的架子。兄弟两人用了三天就制作完成了一架匣型风筝。

在一个没有风的晚上，莱特兄弟俩悄悄地把支干上涂有磷光纸条的匣型风筝送上天空。虽然没有风，但是他们的匣型风筝却很快升上了天空，而且升得很高。

由于天气闷热，人们都喜欢在野外乘凉。突然，有一个人仰望着天空惊叫起来：

"你们看，那边亮亮的是什么东西？"

人们顺着手指的方向看去，只看到了一条发出青白色光芒的东西，在空中晃来晃去。

"啊！是妖怪！"

"是鬼火！"有人嚷道。

一些胆小的人，赶快起身，跟跟跄跄地往家奔跑，小孩子们吓得惊哭不已，大人们也以为是灾祸即将来临了，惊骇万分。

这件事情很快就传遍了全镇，谣言传得越来越广泛，说得也越来越玄。就连一些报纸也刊登了这一消息。

"嗨！听说了吗？镇上闹鬼了。"

"我也看到了，那鬼火一直在天上飘来飘去的，我们赶快把这件事情告诉主教吧！"

身为当地主教的密尔顿·莱特知道了这件事，他觉得这件事情有点蹊跷，小镇一直以来都很平安，怎么会突然间就出现妖魔鬼怪了呢？

密尔顿决心要查个水落石出，一天晚上他刚刚走出家门，就远远地看见有两个身影鬼鬼祟祟地在前边晃动，仔细一看，不正是自己的儿子威尔伯和奥维尔吗？

这么晚了他们不待在家里跑出来做什么？难道！联想起最近被炒得沸沸扬扬的闹鬼事件，密尔顿心中想到了某种可能。

他不动声色地跟在莱特兄弟的后面，想看看他们究竟在做些什么。两兄弟对此一点都没有察觉。

"哥哥，晚上我们把花炮带上去放，再吓唬吓唬他们，你说好不好？"

"好啊！看到他们那种害怕的样子，真有趣。"

两兄弟一边准备着匣型风筝，一边低声交谈着，他们正为自己的杰作能吓唬住别人而开心呢！

父亲看到这种情形，当真是又好笑又气恼，自己的孩子聪明伶俐固然令人高兴，可是他们以吓人为乐就有点气恼了。

"叫你们吓唬别人，这次也让我来吓唬吓唬你们！"

父亲加快脚步，走近他们，突然大声喝道："你们在搞什么鬼？"

然后，父亲出其不意地抓住了两个孩子的脖子。

"鬼啊！"

"救命啊！"

两个小家伙吓了一跳。

"你们两个跟我回去！"父亲严厉地训斥道。

回到家里，父亲以庄重的语气告诫他们二人：

"你们俩头脑聪明，手艺精巧，确实高人一等，我也很高兴。"

"不过，你们应该用你们的聪明才智去造福人群，如果说凭借着自己的一点小聪明来做伤害别人的事情，看到别人受惊吓自己反而沾沾自喜，这种行为是绝不可原谅的。"

"你们都已经是大孩子了，怎么可以搞这样的恶作剧？将心比心，假如你们自己是被愚弄的一分子，你们的感受如何？凡事总要为别人想一想，切不可只顾自己而不顾他人。"

"今天的事情就算是过去了，我不再追究，但是我希望你们今后都要照我的话去做，万事要以服务民众为重，绝对不允许再做出伤害别人的事情来，知道吗？"

莱特兄弟俩羞愧地低下了头，听了父亲的一番训诫后，心里知道了什么事情该做，什么事情不该做，对于是与非有了明确的概念和了解。

从此以后，兄弟两人牢牢记住父亲的教训，"服务民众"成为他们终生的座右铭。

参加冰上曲棍球比赛

莱特一家在奇蒙特居住了大约两年时间。1884 年 6 月，由于父亲密尔顿的主教职务又有了新的变动，莱特一家人不得不从奇蒙特回到以前住过的代顿市生活。

奥维尔在奇蒙特市上到小学六年级，他眼看就要毕业了。可是，就在期末结束前的一两个星期，他惹下不小的麻烦。

有一次因他在班上搞了一个小小的恶作剧，激怒了他的老师邦德小姐。邦德小姐毫不留情面地把他给开除了。

邦德小姐扬言，假如奥维尔的父母不亲自带着孩子来学校向她赔礼道歉、认识错误的话，那他就永远别想再回学校了。

可是，当时奥维尔的父亲还在外地忙碌着教会工作，母亲又忙于包扎家具，准备搬家，结果抽不出空去学校会见老师，将奥维尔的事耽搁了。

奥维尔只好闷闷不乐地在家里帮助体弱多病的母亲做着搬家前的准备工作。

当奥维尔随全家回到代顿市，准备进入一所学校时，他没有证书证明他已经学完六年的课程。学校当局让他留在六年级再读一年。这一决定遭到了奥维尔极其强烈的反对。

老师不得不同意让他在七年级试读，看他到底能不能跟上班级里的其他同学的学习进度。

令人出乎意料的是，在那一年的年底，奥维尔以全代顿市数学分数最高的成绩，进入了八年级。

奥维尔进入八年级以后，教语法的老师莱温斯基小姐竟然认定他是个非常顽皮的孩子，指定他坐在教室座位的前排。

第二年，莱温斯基小姐又当奥维尔的代数老师，依然让他坐前排，以便于她随时监视他的行动。

当时奥维尔总是被老师安排在第一排座位，已经成了全家人说俏皮话的话题。

在读中学时，有一次，老师在黑板上出了一道几何难题。

"奥维尔·莱特，到黑板上来做做看。"

这是一道很难做的数学应用问题，同学们都不知从何入手，大家目不转睛地看着奥维尔。

奥维尔上台之后，不慌不忙看了一遍题，然后他在黑板上写了几个横排，不一会就求得了答案。他神情淡定地拍了拍被粉笔弄白的小手，安静地回到了座位上。

奥维尔的老师玛格莱特小姐走到黑板前，看了一下他所做的题的答案，说道：

"答案是对了，但是演算方法和书上所说的不一样。"

说着，她看了奥维尔一眼。

"这种方法是谁教你的？"

"文特尔斯。"

"胡说！文特尔斯是伟大的数学家，你怎么可能会认识他？"

"是的！我按照教科书里的方法演算了一遍，后来我自己又想是不是还会有其他的方法，所以查了一下文特尔斯的《文特尔斯几何学》，从那里学到的这种解题方法。"奥维尔不服气地辩解道，"我自己从文特尔斯那儿学到了许多有用的东西。"

玛格莱特小姐不但没有赞扬他有兴趣从别的书本上学习知识，反而责怪他不该把"美好的科学"说成是"东西"。

"你们还不到看那样深的书本的时候，只要按照学校里教的方法做就可以了。"

　　玛格莱特小姐用略显生气的声调这样说，随即拿起黑板擦，将奥维尔的答案擦掉了。

　　奥维尔心安理得地在餐桌上与家人谈论着这一类学习生活中的插曲。他知道他是不会挨骂的。

　　因为莱特家对有发明创造能力的孩子是很喜爱的，尤其鼓励孩子独立思考问题，扎扎实实地学习科技知识。

　　光阴如流水，转眼间，威尔伯读高中了。在学习中，他对物理、化学、数学和历史特别感兴趣。

　　同时，威尔伯又喜欢体育运动，在体育方面成绩特别突出，是学校曲棍球队的选手。

　　所谓曲棍球，就是在冰地上，两组队员穿着溜冰鞋，拿着弯曲的球棍，在不违背规则的情况下，努力把扁扁的球打进对方的球门。打进球门较多的一方，就算是赢了比赛。

　　这种运动不仅要求速度敏捷，而且要求人要有耐力。由于这一比赛的竞争激烈性，吸引了许多体力充沛、精力旺盛的年轻人。曲棍球在当时成为一种十分流行的体育活动。

　　那时候，威尔伯的功课很紧张，每天放学回家后，他都要帮助母亲做一些家务，所以他很少有时间能和弟弟奥维尔一起制作各项机械了。

　　威尔伯唯一能有闲暇时也只是在星期天里和弟弟及其他朋友们一起玩玩。

　　威尔伯学习非常刻苦，也非常努力，他梦想着自己有朝一日能考上美国著名的耶鲁大学。但是，一次意外事故，使得威尔伯在高中毕业前受了重伤，他的大学梦彻底被现实击碎了。

　　威尔伯加入曲棍球校队不久，就有一支由军官俱乐部的子弟所组成的曲棍球队来到代顿高中向威尔伯所在的校队挑战。

　　对方是有名的强队，队员身体素质好，技术娴熟，比赛开始双方势均力敌，上半场的比赛成绩是1：1，平分秋色，形势极为紧张。

下半场钟声响过，对方就发起了更为猛烈的攻势。作为校队主力队员的威尔伯勇敢地防卫迎面而来的对方主力选手，他试图找机会把球夺走。那名队员一见有人奔来抢球，由于毫无防备，便惊慌地挥动球棒，也想把球击走。

出人意料的是，那人忙中出错，球棒竟然被他挥错了方向，一下子把球棒挥向了威尔伯。球棒狠狠地击中了威尔伯的脸颊。

双方的队员都吓得惊呆了。威尔伯胸前一片血红，嘴巴、鼻孔鲜血直流，马上有队员去喊校医，比赛不得不停止了。

不一会儿，校医就带着救护箱飞奔而来，马上进行急救。

威尔伯的伤势很严重，牙齿断了5颗，还有3颗摇摇欲坠。总共失掉了8颗牙齿，牙齿的咀嚼功能近乎丧失，这使得威尔伯此后因消化不良而导致胃病，由于无法摄取充足的营养，人一下子也消瘦了许多。

为了疗伤，威尔伯在床上躺了有将近一年的时间。他心想：与其整天在床上唉声叹气，不如好好地利用这段时间，把从前一些自己一直想读但却一直没时间读的书找来好好地看一看。

通过读书和看报纸，威尔伯了解到了许多最新的科学知识。他知道了1879年，"发明大王"爱迪生以钨丝为材料，发明了后来人们熟悉的白炽灯泡，贝尔发明了电话机。

许许多多的新的科学发现、发明在迅速地传递和累积。威尔伯敏锐地觉察到，一个崭新的科技时代将要来临，那时人们的思想观念、生活方式将发生翻天覆地的改变。

看着杂志上日新月异的科学发明，威尔伯的脑海中不由自主地浮现出了自己和弟弟放风筝时看到的老鹰展翅飞翔的英姿，父亲回家带来的纸蝴蝶，那只自己和弟弟制作的纸蝴蝶，及自己和弟弟制作的试图上天的飞鸟，还有在奇蒙特的匣型风筝。

威尔伯心中那飞上蓝天的梦想又一次激荡起来。他一时间心潮澎湃、思绪翻滚。不知不觉间，他的病床头已经堆积了大量的科学书籍。

在疗伤养病期间，威尔伯和奥维尔多次谈起他们那次失败的飞鸟试验和能够不借助风力上天的匣型风筝试验，以及他想过的飞上蓝天的梦想。

兄弟俩探讨着各种飞上天空的计划，不知不觉中，威尔伯的身体渐渐地康复了起来。

当威尔伯的身体一天天好转起来的时候，兄弟俩却又有了新的烦恼。他们亲切、慈祥的母亲，因为长年累月的辛苦工作，不幸患上了肺结核。

而当时，兄弟俩的父亲密尔顿仍然在村镇各地传教，无法照顾母亲。妹妹凯特这个时候正在读高中，住宿在学校舍里，无法回家，也就无法照顾母亲了。

所以，照料母亲的任务就落在了这兄弟二人的身上。威尔伯伤势还未完全复原就承担起了护士的责任，服侍病中的母亲。

母亲看到还是病人的儿子这样细心服侍自己，深感安慰，威尔伯这种尽孝的表现更是赢得了邻里的赞誉。

母亲是个深受邻友爱戴的女人，她不仅终日辛劳家务，也极善于服装设计，而且她擅长机械制造，尤其在家庭用具和器皿的使用上她是非常机智的，她的用法常常出乎意料之外，有时候甚至超过了一个大男人。

有一次，母亲还曾为莱特兄弟俩做了一个很别致的小雪橇，就像他们家里人说的，她是"无所不会"的，因此，她受到了人们的尊重。

当邻居听说苏珊重病卧床后，便都开始送来温暖的问候和关怀。人们一拨接一拨地到她家里看望她，希望她能够早日康复。

有一天，威尔伯对奥维尔说：

"妈妈老是在房间里面坐着，我看这样对身体不是很好，我觉得妈妈的病需要一个空气清新、阳光充足的地方疗养，我想在后院厢房朝南的一面，加盖一个宽宽的走廊，再做一把安乐椅，让妈妈舒舒服服躺在那里休养，这样，妈妈的病才能够早日康复呀！"

"好哇！"奥维尔立即拍手称好，非常赞同哥哥的想法。

在兄弟二人的齐心合作下，一个宽阔明亮而又舒适的走廊很快就盖起来了。他俩又在后院花园和走廊两侧种上母亲喜爱的花卉，好让在走廊休养的母亲赏心悦目。

发明报纸折叠机

威尔伯身体完全康复以后，已经错过了升学的最好时机，而这个时候母亲又卧病在床，所以他没有再读书，而是到附近的食品商店工作。他干了一段时间就不干了。

这个时候远在外地传教的父亲密尔顿接到了妻子病重的消息赶了回来，一边照顾病重的妻子苏珊，一边工作赚钱给妻子看病。

有一天，父亲密尔顿对赋闲在家的威尔伯说："威尔伯，你不用再去找工作了，就在家中帮爸爸干点事。你妈妈看病需要的钱很多，教会的工作，我一个人也忙不过来。"

密尔顿的人手不够，工作任务很重，所以威尔伯恰好可以帮忙。他的工作之一就是投递教会办的报纸，教会把宣传话语印在报纸上，然后送到很多家中。

密尔顿每星期一次，要把上千份的报纸折叠起来，用带状的封皮包裹好，然后写上地址、人名送到各户家中。威尔伯看到父亲如此繁重的工作，大吃一惊。

威尔伯就和弟弟奥维尔一起为父亲分担工作。一向思维敏捷的奥维尔灵机一动，说起了自己的一个想法："要是有个能折叠报纸的机器，不是能节省不少劳动吗？"

威尔伯点头道："是呀，那该多好呀！"

"哥哥，那咱们就制作一台吧！"

说干就干，莱特兄弟俩就开始忙碌起来，他们在纸上设计了一个又一个图样，但都不是很满意。威尔伯和奥维尔又陷入了沉思，进一步构思起机器的结构来。

几天的时间里面，兄弟俩不断地在纸上改来改去，终于确定了报纸折叠机的结构。

莱特兄弟的报纸折叠机体现了兄弟两人的心灵手巧和他们独特出众的智慧。他们把院中的库房里放置的一些旧的机器部件，依照用途重新组装起来，花费廉价的成本，兄弟俩就制作了一架由他们自己设计构思的机器。

晚上，劳累了一天的密尔顿回到家，看见兄弟俩设计独特的报纸折叠机非常高兴。

威尔伯在机器旁边向父亲说明机器的结构和使用方法。他自豪地说道："爸爸！这架机器虽然声音有点嘈杂，可是用了它，就比用手折叠快多了，效率也一下子提高了不少。"

奥维尔把一张报纸放到机器上，"啪咯"用脚一踩脚踏板，报纸就折叠好了。

"啊！这下可方便了，你们俩是依照什么做出来的呀？"对于孩子们的心灵手巧，父亲感到很欣慰。

面对父亲的询问，奥维尔抬头回答道："没有什么样本，是我和哥哥自己想出来的。"

奥维尔的回答充满了兴奋与自豪。

威尔伯补充道："是的。爸爸！这是我们自己设计制作出来的。有了它，我们就能加快工作效率了，爸爸也就不用这么辛苦了。"

开在厨房的印刷公司

　　奥维尔有着强烈的好奇心，早在奇蒙特市的时候他就对木刻产生了兴趣，为了尽快了解木刻的方法，他翻阅百科全书和其他几本介绍有关木刻技术的书籍。

　　奥维尔心想，倘若他拥有适当的工具，也一样可以进行木刻。于是，他用一把老式小刀的弹簧改造成一件木刻工具。

　　在亲自刻过几件工艺品之后，奥维尔很自然地就想把它们印刷出来，为了达到这个目的，他动用了他父亲从前经常用来复印信件的一台印刷机。

　　这种老式的信件复印机在今天是很难再见到了，它由两块水平的金属盘组成，只要转动盘上的一个小小的圆形的把手，两块金属盘就能紧紧地合拢在一起。

　　复印时，需要将书信略为弄湿一点，将它紧贴着一张薄纸平平地放进印刷机的两块金属盘之间，一加压，信件就复印成了。

　　这种小小印刷机当时是很能吸引男孩子的，确实，当年的奥维尔就曾用它搞过恶作剧，而后来，他又用它来印制自己刻出的版画了。

　　正在这个时候，莱特家又搬回了代顿市。奥维尔又恢复了同他4岁时的好友埃德温·辛斯的亲密关系。

　　使他高兴的是小辛斯也迷上了印刷，他有一部小小印刷机，那是他用自己订的一年多的杂志《黄金时代》同别人交换来的。

　　这台印刷机比一个玩具大不了多少，它一次只能印一行窄窄的文字。虽然它远远不能满足孩子们的要求，可他俩还是立即成立了"辛斯和莱特"印刷公司。

辛斯和莱特印刷公司的印刷厂，最初设在辛斯家厨房的一个角落里。一天，辛斯的母亲发现一个信封打印着"致辛斯和莱特先生"的字样，她才了解孩子们的"事业"。

"这一定是给你们的，"她对两个孩子说，"你们肯定就是那两个先生吧！"

为了他们的"事业"，辛斯和奥维尔在他们两家之间装配了一条电报线路。

好多年以后哥哥威尔伯还提到那"第一条电报线路"，因为孩子们不管在按键上按了些什么，常常喜欢到处吹嘘一通。

不久，人们就发现奥维尔确实天生是块搞印刷的料。他对印刷的癖好已经远远超过了一时的爱好。他因坚持要家里帮助他购买太多的印刷设备而给他父亲留下了印象。

威尔伯制造了一条木船，由于很少使用，近来找到一个机会准备卖掉，得的钱打算买一台小型的印刷机，用以支持弟弟的事业。

"假使你想送一台印刷机给奥维尔的话，那我也拿出 25 英镑，给奥维尔买一台活字印刷机。"

父亲说到做到。新买的印刷机能够印 0.12 米 × 3 米以内的任何版面的文字。

由于辛斯家的厨房不是印刷厂的理想场所，奥维尔就安排把印刷厂搬到他自己家不常用的一个"夏季厨房"里了。

这时辛斯和莱特先生又有了新的想法，准备为他们八年级的同学们办一张报纸，它的名字叫《小矮人》。

由于他们的印刷能力有限，报纸的版面非常小，只有窄窄的两个栏目宽和 0.12 米长。他们打算使这张报纸中的大部分内容都是印刷的，并不准备靠人工抄写。

然而在具体实行计划时，他们发现印刷四个版面的报纸要付出大量的劳动。为了减少一点负担，他们让第三版上空着，只印了"辛斯

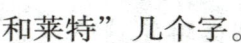

第二次印报时，他们把自己的名字用手迹的形式斜印在空白纸的对角线上。当他们印了 100 份报纸准备分发时，奥维尔的父亲看到了其中的一张，他立即禁止发行这一期报纸。

父亲坚持地说道："你们轻视第三版，没有充分发挥自己的能力，办报不能这样不负责任。这样做，读者会觉得办报人不是懒惰就是无能。所以本期的报纸不能发行。"

在某种意义上来说，禁止发行这期报纸对几个孩子来说也许还是一种解脱，因为他们正为自己原先根据出版自由的原则编写的一条大胆的"新闻"感到担忧呢。

那条消息是针对他们的老师、严格的纪律实施者莱温斯基小姐的。该消息说："下个星期，我们准备登载莱温斯基小姐在中年级学生面前作过的一次演讲，演讲的题目是《论学生中的害群之马》。"

孩子们想，也许那期《小矮人》还是不发行为好，因为莱温斯基小姐可能把这则"新闻"只当成一个纯粹的玩笑，一笑置之，也可能大动肝火，不肯放过他们。

不久以后，报纸合股人有机会用两美元买到很多能进行醒目排印的大号铅字。于是，他们试图开始承印零星印件的业务。孩子们把印刷厂搬到莱特家的库房里。

冬天，他们则在莱特家餐室的一张桌上进行印刷。邻近的店主给他们送来了几张订货单，辛斯和莱特印刷公司的名声开始大起来了。

他们雇了邻居一个叫福雷斯特的男孩来做帮工，每星期的薪金是 15 美分。

一切都进行得很顺利。一天，孩子们接待了一位来联系印刷业务的商人，这个人希望能用爆玉米花而不是用钱来支付印刷费用。

"这种爆玉米花在市场上的价格比印刷需付的两美元还要高。"

商人这样对奥维尔说。

在决定是否接受爆玉米花作为报酬以前，辛斯和奥维尔这两位合股人慎重地去找了一个食品商，了解爆玉米花的行情。

老板证实了那些爆玉米花的价值确实是两美元，同时他还提出就以这个市场价从孩子们手上把爆玉米花收购去。于是他们接洽了这项以爆玉米花作为报酬的印刷业务。

这时奥维尔看到了公司未来宽广的道路。以两美元的流动资金，他们可以购买更多的铅字，进一步扩大再生产，从而获取更大的利润。

可是辛斯认为奥维尔的计划太庞大，他要添置的设备太多了。为什么不能把爆玉米花分了吃掉呢?

两个人的分歧如此之大，以至谁都不肯让步，看来他们只有一件事情可做了，一个人买下另一个人的股份，然后散伙。

由于他们使用的印刷机本来就是奥维尔的，另外他还拥有大部分铅字，因此看来他成为买主是符合逻辑的。

通过用自己应分得的那一部分爆玉米花来购取辛斯的股分外，奥维尔没有使用多少现金经费，所以这次的合作不了了之。

这虽然是孩童时期的尝试，而且本身就是以兴趣为主，并非纯粹的商业化运作，但是从中也可以看出奥维尔在印刷业务上的商业天分，为莱特兄弟开办报纸打下了一个良好的基础。

发行 《代顿周报》

由于莱特兄弟俩发明了报纸折叠机，有了机器的帮助，父亲的工作效率大大提高了。威尔伯的工作做得很利索，除了照顾母亲外，他的时间也渐渐地充足了起来。

1888年，威尔伯·莱特21岁，奥维尔·莱特17岁的时候，发生了一件对莱特兄弟影响很大的事情。

有一天，奥维尔找到了哥哥威尔伯，说道："哥哥，我们来办一份报纸好不好？"

"办报纸？"奥维尔的这个想法让威尔伯感到有些意外。

"我在学校里负责编辑校刊，每周刊出一次，在这方面，我已经有一些经验，一定能够做好的。哥哥，你支持吗？"

奥维尔说起了自己想法的由来。

"哦！那是很好，可是办一份报纸并不像办校刊那么简单，至少要有一部印刷机才行啊！可是就算是小型的印刷机，我们也买不起呀！"

"哥哥！只要你同意就好，买不起我们可以自己做一个嘛！"对奥维尔来说，只要哥哥能够支持他，其他事情就都不是问题。

"这倒是一个好主意。行，咱们就自己动手做一台印刷机，不过那样的话，在开始设计制作图样前，咱们要先到印刷厂去参观一下，看那些机器是怎么运转工作的。只有了解了它的构造，咱们才好动手。"

威尔伯和奥维尔兄弟两人去参观印刷厂，印刷厂的厂长是莱特兄弟父亲的好友，他知道莱特兄弟俩是有名的能手，看见他们对印刷机有兴趣，就很热心地给他们做讲解。

莱特兄弟俩聚精会神地聆听厂长讲解印刷机的构造和制作过程，并快速地记录在记事本上，一些不太明白的地方还做了记号。当他们离开时，热心的厂长还赠送给他们一些废弃不用的铅字，这让兄弟俩兴奋不已。

莱特兄弟在参观完印刷厂的印刷机器后，心中有了初步的设计方案。在两人的不断修改下，一台精密高效的印刷机的图形在纸上出现了。

有了设计图，接下来要做的事情就是购买零部件，自己开始按照图纸进行组装。

经过长达十多天的努力，终于，一架外貌简陋，但是运转高效的印刷机，在两人手中制造出来了。

有了印刷厂厂长赠送的一些废弃铅字，奥维尔又从邻居那里弄来一根铁滚轴，威尔伯也捡来一块墓碑，这样一来，基本工具就一件件地凑齐了。

兄弟俩先把铁滚轴和石板用砂纸磨光，在滚轴的两端各安上一个杠杆，纸张平叠在石板上，只要排好铅字，在滚轴上涂上油墨。

两兄弟各执滚轴一端的手柄，转动起来。就可以印出字迹清晰的报纸来了。

"哥哥，这样要两个人用手推，实在是太麻烦了，不如我们在滚筒上安装一个把手吧？"奥维尔看着初步成形的印刷机，提出了自己的改良方案。

"我们也可以像妈妈的缝纫机一样，改成脚踏的，这样的话应该会比手推来得更加方便一些，你觉得呢？"对于改良印刷机，威尔伯也有自己的设想。

终于，在两兄弟的辛苦改造下，一架看上去简陋，但是品质优良、效率极高的印刷机产生了。

万事俱备，只欠东风。印刷工具等物品都准备好了，兄弟俩又租了一间破旧的仓库作为社址，剩下的工作就是他们兄弟俩分头去采访当地新闻消息。

不久，莱特兄弟俩绞尽脑汁，费了九牛二虎之力的报纸终于和代顿市民见面了。

"快来看呀！快来看呀！最新消息，新发行出版的《代顿周报》刊登了最新消息！一分钱一份，快来买呀！"

一个报童抱着一大沓报纸在街道上大声吆喝。许多居民立即被吸引了，他们纷纷走上前，围拢在一起看新出版的《代顿周报》。

在当时，代顿市郊可以见到的小报有五六种之多，但是由于文字粗俗，消息狭隘，远离人们生活，多是一些不切实际的东西，所以不能引起人们的兴趣。

因此，现在听到报童叫卖说有最新的消息，便有许多市民怀着好奇心围拢过来看。

"看啊！市长的女儿得了百日咳了！这种病现在很流行。"

"哦！天哪！杰克家的一头母猪，居然生了一只五条腿的小猪！这种事情怎么可能会发生？"

"什么？代顿高中曲棍球又要举行联赛了？这可真是一个振奋人心的好消息。"

读了这份报纸的人们，都夸奖报纸生活气息浓郁，非常实用，是一份贴近生活的实用报纸。

威尔伯和奥维尔听到人们的评价，信心进一步增强了，他们又出去采访了一些既生动又有趣的消息。诸如市政府今年计划实施情况，退休工人养老金发放，某某村发现流行感冒，某人和太太吵架、太太自杀未遂而获救等地方新闻，无不具备，包罗万象，深受当地居民欢迎。

渐渐地，《代顿周报》成了当地最受欢迎的小型报纸之一，是代顿市民业余休闲的一份不可缺少的娱乐快餐。每周人们都迫不及待地盼望能早一点读到它。

由于报纸受到当地居民的喜爱，所以报纸的销路大增，于是有些商店也开始委托《代顿周报》刊登一些广告，而且每月预订周报的人也多了起来，使他们赚了不少钱。

业务量大增，工作也越加忙碌起来，莱特兄弟二人既当社长、编辑和采访，又做其他工作，比如排字和印刷。这时妹妹凯特也来帮忙了，幸亏他们原先发明了报纸折叠机，这让他们节省了不少的人力和时间。

《代顿周报》以骄人的业务量和众多的读者而一鸣惊人，这自然引来了许多同行媒体的关注。

有一天，一个陌生人突然光临报社，他很客气地说道："听说你们的报纸销量很好，所以过来参观学习一下。"

"欢迎，欢迎，非常欢迎。请进，还请多多赐教。"威尔伯笑着迎接陌生人。

陌生人看着他们简陋的工作条件，心中暗暗狐疑，这两个年轻人白手起家，并不十分精通业务，又没有更多工作人员，却办出了受众人欢迎的报纸，真是后生可畏！

参观了莱特兄弟自制的印刷机，陌生人赞道："你们真是能干啊！我在你们这么大的时候还在学校读书呢！你们却已经是一家这么大报社的老板了，让人敬佩啊！"

威尔伯受到陌生人的夸奖，有点羞愧地说道："哪里，哪里。不知道您是？"

陌生人笑着说道："我是《代顿邮报》的印刷主任。"

莱特兄弟知道他是行家，应趁此机会多向他们请教。因此，奥维尔谦逊地说道："我们兄弟俩都是外行，还请你多多指教才是。"

"你们太客气了。你们干得非常出色！我回去也要借鉴学习你们的工作经验和工作精神呢！大家互相学习。"印刷主任谦逊地说道。

莱特兄弟以自己出色的业绩赢得了同行的赞誉，《代顿周报》的发行量也直线上升，两兄弟的事业蒸蒸日上，但是就在这个时候，他们母亲的病情加重了。

母亲患的是肺结核病，这种病在当时还没有特效药可以医治，除了听从上帝的安排，此外别无他策。

母亲身体越来越坏，发烧过后浑身直冒冷汗，而且伴有严重的咳嗽。咳出的痰带有鲜红的血丝、血块。她面色蜡黄，面容日渐消瘦，一点也吃不进去饭。

莱特兄弟由于报社业务，并不总在母亲身边，他们一有空就来侍候母亲，并为母亲买来了许多营养品，但是母亲却吃不了多少。妹妹凯特日夜守候在母亲身边，不离左右。

父亲也向教会请了假，专门在家里照料病重的妻子，但除了时时为她祈祷外，也是一筹莫展，束手无策。

母亲的病情一天天地恶化，终于，最悲痛的事情还是发生了。一个阳光明媚的日子，莱特家里却是愁云笼罩。

气息奄奄的母亲把三个孩子叫到了跟前，对三兄妹交代道："你们都长大成人了，事业上也有一些成绩，我很高兴。希望你们能够更加努力，力求上进。"

母亲断断续续地交代完孩子们一些事情，就与世长辞了。

莱特一家人陷入了失去亲人的悲痛之中。

开设莱特自行车店

自从母亲病逝以后，莱特兄弟非常悲痛，但是想到母亲临终前的教诲，想想他们的小妹还在读书，莱特兄弟不得不打起精神努力工作。

《代顿周报》经过多次改革，内容充实全面，更加贴近人们生活，印刷也变得精美起来。虽然每份售价涨为两美分，但销路一样看好。

为了进一步办好报纸，对付日益激烈的报纸竞争，莱特兄弟请了几个工人做帮手，而且还特地买了两辆半新的自行车，专供采访新闻用。

在那个年代的美国，自行车还是一种很罕见的昂贵的交通工具，只有有钱的人家才买得起新车，一般的普通人家有辆旧车就不错了。

一天，奥维尔对威尔伯说道："哥哥，我想和你商量一件事情。"

威尔伯笑道："什么事情？说吧！"

"我想要再买一辆自行车。"

威尔伯狐疑地抬起头问道："你不是已经有一辆了吗？"

奥维尔解释道："报社的业务很繁忙，我一天到晚都在外面跑，那辆车最近像是挂了铃铛似的咯噔咯噔地一个劲儿地响，实在是让人受不了。"

正在两兄弟说话的时候，邻居朋友杰克匆匆忙忙地跑来对威尔伯说："威尔伯，帮帮我。我那辆自行车，不知怎么的，链条被卡住了，车闸也不好使了，你给我看看修理一下吧！"

杰克知道莱特兄弟从小就喜欢摆弄机器，所以就来找他给修修。

"行，你有事情就先去忙，车子我给修修看。"威尔伯说着，立即

去屋内取来工具箱，准备修理。

威尔伯把车翻倒后发现，链条被一些小木块卡住了，车闸也因为长时间的使用，里面的橡皮被磨损得差不多了。找到毛病后，威尔伯就修理了起来。

威尔伯先是把小轮轴上的车链卸下来，把链上的小木块拿掉，再把上面积的油污清理干净，接着在轮轴和链条上涂上一层油。最后，他把车闸里的橡皮取下来，换上了新的刹车橡皮。这样一来。原先破旧不好用的车子变得崭新而好用了。

奥维尔在旁边看着，说道："原来自行车组装并不很难。要是有一些零部件，咱们可以动手组装成一辆新车。"

"是呀！自行车发展到现在，已经是比较理想了。最初的自行车是没有踏板的，而是靠人的两只脚轮流踩着地撑着走的，后来才演变成前齿轮大、后齿轮小的样式。而且，以前的车轮外面是用实心的橡胶裹起来的，滚动起来很不稳定，直到现在，才有这种中空的轮胎问世。"

威尔伯一谈到与机械有关的事，就滔滔不绝地说了起来，而弟弟奥维尔则在一旁聚精会神地听着。

这时，杰克回来了，当他看到自己那已经修好的车子时，一下子惊呆了。那辆破旧车子现在一下子变得油光发亮！

杰克离开之后，奥维尔对哥哥威尔伯说道："哥哥，我看自行车的时代要来了。像自行车这样便利的工具，不但是在都市，就连乡镇也会很快地流行起来呢！"

威尔伯同意地点点头说道："你说得不错，我也是这么认为的，最近报社的生意虽然很是火爆，每周一次已经远远不能满足人们的需求了。可是改成日报的话，所需要的成本又更多，所以我也在考虑，我们是不是要换一个行业发展。"

"哥哥，我看行！你看你刚才修理杰克的车，非常不错。不但是杰克的车有问题，就连我自己的车也有问题，可以想象这个城市还有多少辆车出现问题需要维修。如果我们专卖半旧的车和修理好的车，生意一定不错，咱们一定能赚钱。"奥维尔对哥哥的想法很支持，"不过，那咱们的报社怎么处理呢？"

"这个问题我也想过，"威尔伯回答说，"我们如果要做自行车店，那么肯定需要一笔很庞大的资金，我想要将报社转让出去，这样可以增加一些创业的基金，你说怎么样？"

"好哇！那咱们就马上行动吧！"

奥维尔高兴极了，马上就去找西街新闻社商量印刷机械和报纸版权的相关问题。

在各方面都准备好了以后，兄弟俩就在代顿市的闹市区租了一间店面，挂上了"莱特兄弟自行车行"的招牌，正式开始营业。

当时的自行车生产方式不同于现在的流水作业方式，还是各个相对独立的作坊式生产。

例如车架、轴承、轮圈、轮胎、车座、车链等都是由不同的工厂生产，最后由某一家厂家加以组装而成，然后冠以"某某号"的名字出售。

威尔伯兄弟俩从一家旧货店引进了一台五成新的旧车床，这是从事机械工作的基本设备，经过兄弟二人的修理调整，车床又能重新发挥作用了。

他们修理组装的自行车，各个关键零部件都很讲究，从不粗制滥造。

就拿轴承来说，当时别人一般都用金属套，但他们兄弟二人却坚持用了较为昂贵的钢珠。

所以，威尔伯兄弟俩卖的旧自行车，虽然是旧的，但骑起来却是舒适耐用，而且美观大方，很受当地百姓的欢迎，因此生意也开始兴旺起来。

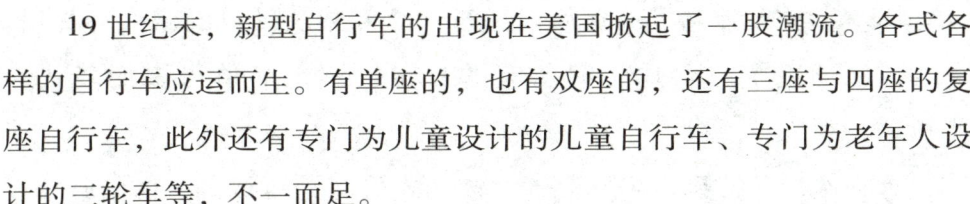

　　19 世纪末，新型自行车的出现在美国掀起了一股潮流。各式各样的自行车应运而生。有单座的，也有双座的，还有三座与四座的复座自行车，此外还有专门为儿童设计的儿童自行车、专门为老年人设计的三轮车等，不一而足。

　　"莱特兄弟自行车行"的第一批车，被他们定名为"克利夫号"，这是为了纪念他们的一位先祖而命名的。

　　"克利夫号"自行车，不仅坚固耐用，而且具有平稳安全、行驶速度快的优点。莱特兄弟精心设计了齿轮距离，此外还为他们的自行车精心设计了一种新式刹车，这是其他自行车所不具备的。

　　莱特兄弟自行车行的自行车具有许多优点，价钱很公道，没多久，他们的销量就直线上升。

　　人们一谈起自行车时，无不提到"克利夫号"，对莱特兄弟的聪明才能十分佩服。"莱特兄弟自行车行"从早到晚，门庭若市，来买车的、修车的、参观的人络绎不绝，兄弟俩忙得不亦乐乎。他们的妹妹凯特也时常过来帮忙。

　　"莱特兄弟自行车行"的生意火爆，兄弟俩又把隔壁的店铺及后院租下来作为制造工厂，使营业和制造分开。

　　威尔伯和奥维尔喜欢自己制造各种工具，设计新颖的零件。他们制造的小工具和零件不仅用于自行车上，还用于轧棉机、缝纫机、打字机、割草机、钟表、磅秤等。代顿市的居民称赞这对兄弟有着"一双魔手"。

　　就在莱特兄弟修理、制造和出售自行车的年月里，他们还在不断地做着各种各样的试验，不过，他们这样做只是出于乐趣而已。

　　1893 年，莱特兄弟制造了无疑是世界上的第一对可以安装在自行车上的"气球"车胎，这就有必要制造一个特别的"前叉"，并且扩大后轮的轮框，以便为特大号的气胎留下空位。

　　那时，奥维尔还抽出时间做了一些与自行车无关的试验。

1895 年，他制造了一台可以进行加法和乘法计算的新式计算机。另外，他还造了一台比当时所有的打字机都更简单得多的新式打字机。

有一次，莱特兄弟偶然买了一辆老式的高轮自行车。他们原来还有一辆同样的自行车。

望着这两部大小一样的车，他俩琢磨开了，为什么不能把它们变成一辆有前后座的双人自行车，从而创造一种新的体育运动方式呢？

尽管骑这么高的自行车是很危险的，可那也是够刺激的事！说干就干，他俩将两辆高轮自行车拆下来，重新改良、组装，为了防止连接两辆自行车的钢管弯曲和折断，他们在连接钢管的中间装了一个铰接头。

高轮双人自行车制成后，他俩又摸索驾驭这辆车的骑术，发现坐在后座上的人必须掌握特殊的技巧才能保证自行车驾驶起来既平稳又安全。

这种技术同过去任何骑车技术都是不同的，而是有点儿像在一辆长消防车后部操纵的动作。

尽管那看起来是相当容易的，可是除了莱特兄弟以外，只有一个人成功地学会了那门技术，那就是汤姆·索恩。

这辆高轮双人自行车，不管是前座还是后座，都是相当危险的。

有一天下午，奥维尔坐在车子的后座，让汤姆·索恩坐在前座，当他们在泥泞的街道上试图绕过一个水坑时，汤姆转弯太急，把手钩住了他的腿，结果车子摔倒了。

后座上的奥维尔用脚撑住了地面，可汤姆由于腿被钩住，头朝下猛地摔下来，等他从地上爬起来时，五官已无法辨认。

他的整个脸都被污泥糊住，十分可怕，以至于目睹这场不幸事件的男孩子们，没有一个感到好笑，他们都担心汤姆的脸受到了严重的损伤。

可是奥维尔立刻就意识到那些稀泥巴一定会使汤姆免受摔伤，而他朋友的尊容就像他所见到的最可笑的事一样，让他捧腹大笑了好一阵子。

这时，尽管汤姆并没有生气，可他一点儿也乐不起来。他只是呆呆地站在那儿试图用拇指把蒙住眼睛的污泥刮下来，结果是越弄越脏。

奥维尔牵着他的手，找到附近住家的抽水机，这样汤姆才得以洗去脸上的污泥。

洗完后，他和奥维尔才把双人自行车弄回店铺。这一段小插曲还不是莱特兄弟唯一津津乐道的事例，可是听到这件事的邻居们都笑了。他们问道："莱特兄弟下一步又该干出什么事情呢？"

上高中的男女学生都是购买自行车的潜在的顾客。

威尔伯想："一定要想出一个有效的办法，让学生们对莱特自行车公司出售的自行车发生兴趣。"

于是，他想出了一个办法，充分显示了他具有广告商人的天分。

他弄到了一份高中学生的考试卷子，他用同样的纸张，同样的格式和试卷一样的问答形式印出了许多宣传品。

然后，他叫两个学生把这些印刷品分发给高中学生。粗略一看，学生们都以为自己弄到了一份考试试卷，可是仔细一看，原来试卷中所有的问题都与莱特兄弟出售的自行车有关。

参加自行车比赛

因为自行车的代步功能大大地提高了工作效率，伴随着自行车的流行，一种新兴的户外运动产生了，那就是自行车比赛。

一些自行车生产厂家想方设法来改进技术，提高自行车的质量。在这样的情况下有人提出了举行自行车比赛来测验自行车性能，自行车比赛受到了生产厂家和市民最热烈的欢迎。

报纸上早早地刊登了关于即将举行的比赛信息，"本周星期日上午8时，将在代顿市市郊举行自行车比赛。参赛选手自备自行车，由比赛委员会统一发放比赛运动服装。比赛第一名奖励自行车修理工具一套，第二名奖励葡萄酒一箱，第三名奖励自行车车筐一个。欢迎各位选手踊跃报名参加。"

报纸上刊登出了比赛的具体时间、地点。代顿市民都在谈论着自行车比赛的事，大家还在争论着谁是今年比赛冠军的事。

莱特兄弟对自己组装生产的自行车非常有信心，眼看着周末的自行车比赛又要开始了，奥维尔有点按捺不住想要参赛了。

威尔伯并不是没有考虑过参赛的问题，只是最大的问题是没有合适的参赛人选。曾在高中受过重伤的威尔伯，对于自行车比赛有一点犹豫，对于自行车这种长距离的比赛，他没有把握。

"我当自行车选手上场，哥哥，咱们一定会取胜的"，奥维尔拍着胸脯，信心十足地说，"自行车比赛，重要的是在起跑的时候，在后面扶车的人等喊'预备，开始'的号令时，要一下子把自行车推出去，这样自行车就获得一个很大的推动力。哥哥，你在高中时代就是运动员，这个对你来说是不难的。"

"好吧！既然你决定了，那么哥哥肯定帮你。要是我们莱特自行车行制造出的自行车得了第一，那么我们的名声和信用就大大提高了，以后的自行车就会更好卖了。"哥哥威尔伯决定支持弟弟参加比赛。

从第二天开始，奥维尔就骑上自己装配的自行车，早晨5点钟就在路上练习起来。

既然决定参赛，就一定要做好充分的准备。莱特兄弟开始动起脑筋，从技术上思考，车胎里打进多少气比赛才适宜？自行车各部分用什么油和注入多少才最好？还有骑车是采取什么姿势最省力？

莱特兄弟从小时候制作爬犁开始就知道风的阻力问题。自行车比赛也应该最大限度地减小风的阻力。因此。他们设计了短车把的自行车。也想出了骑车比赛时的姿势，要把身体尽量前倾，以减少风的阻力。

万事俱备，只欠东风。莱特兄弟为了自行车比赛的事情已经准备充分，就等着比赛那一天了。

比赛前的晚上，威尔伯和奥维尔把比赛用的车子仔细地拆卸下来，把零件擦拭干净，然后注上油，又认真地组装起来。这辆自行车是专门为比赛而设计的。

比赛的一天终于到来了。老天好像有意要考验参加比赛的每个选手的意志，竟然不作美地刮起了大风。

很多观众来到了代顿市郊，来现场看自行车比赛。这一次参赛的选手共有20名。

"比赛时间快到了，请所有参赛的选手们到比赛起点集合！"伴随着工作人员的号令，穿着比赛服装的奥维尔推着自行车来到了起点，他穿的是6号比赛服。

"哎！你们看，6号的自行车，车把那么短。"

"唉！真奇怪呀！"

"那是新型的自行车吗？怎么以前没见过呀！"

观众看着奥维尔的自行车纷纷议论着。

奥维尔看了一下其他选手的自行车，都不是比赛用的赛车，而是普通的自行车，他心中充满了信心。可是，当他看见一辆刚刚推过来的新车的时候，他的面孔立即又严肃了起来，那是一辆由哥伦比亚公司制造的新型比赛专用车。

即便对手很强大，奥维尔还是不惧怕，奥维尔相信自己和哥哥精心设计组装的自行车的性能，而且他还专门为比赛锻炼了一段时间，绝对能够超过其他所有选手。

比赛开始后，奥维尔并没有十分用力地蹬车，只是跟在队伍的后边。

"哎呀！哥哥，你看，奥维尔是怎么了？怎么都落在后面了呀？"来看比赛的妹妹凯特十分担忧地问哥哥威尔伯。

威尔伯只是笑了笑，说："放心吧！凯特。你看着吧！奥维尔会取胜的。"

在宽阔的代顿市郊，比赛选手们一圈又一圈地跑着，但是，奥维尔始终跟在后面。第五圈、第六圈，到了第七圈的时候，骑高把车子的自行车选手因为顶着大风前行，速度明显地慢了下来，只有骑着哥伦比亚公司制造的比赛专用车的温莱斯，在前边压低了身子向前驰去。

时机到了！奥维尔开始用力追赶了。他猛力蹬车，一个，两个，三个……他很快超过了许多选手，而后紧紧地跟在温莱斯的后面。

妹妹凯特见此情景高兴地拍手叫好，大声喊道："奥维尔，加油！加油！"

旁边的观众也看出来了，今年的冠军肯定要在他们两个人中间产生。

"自行车铺子的，加油，追上前面的！"

"面粉厂的，后面有人追上来了！"

"加油啊！"

观看比赛的人分别为两个人鼓劲、提醒、加油。

到了第八圈的时候，风刮得更大了。强烈的风顶头迎面吹来，尘土飞扬，眯住了眼睛。温莱斯虽然咬紧牙关努力向前用力蹬车，可也是强弩之末，已经累得精疲力竭了。

"奥维尔，还有最后两圈了，该加把劲儿了！"哥哥威尔伯在奥维尔骑车到了自己身边附近时，大声提醒道。

由于奥维尔比赛战略得当，赛前又进行了大运动量的练习，所以，他渐渐地占了上风，开始领先温莱斯。

"加油哇！奥维尔，还有最后一圈了！"

威尔伯和凯特两人大声喊着，可是，这时奥维尔什么也听不见，他正全神贯注地向终点冲刺。

100米！50米！20米！10米！终于到了终点。奥维尔以优异的成绩获得了比赛的第一名，取得了胜利。

"奥维尔，祝贺你！恭喜你获得了比赛的第一名！"

威尔伯顺手接过奥维尔手中的自行车，凯特把浸湿的毛巾递给了奥维尔，高兴地说："哥哥，胜利了！胜利了！咱们胜利了！"

"是我们的胜利！"奥维尔兴奋地说，"如果不是我们一起制作车子，哥哥提示我合适的冲刺时间，我也拿不到第一名嘛！"

莱特兄妹三人高兴地谈论着比赛。这次比赛的胜利，既向人们证明莱特兄弟制作的自行车的优良性能，又增强了兄弟二人的顽强意志。

这样一来，"莱特兄弟自行车行"更是名声大噪，人们争相购买，订单如雪花般飞来，人人都以拥有一辆莱特兄弟生产的自行车为荣。当人们提起莱特自行车时，无不竖起大拇指，称赞不已。

奥维尔感染风寒

奥维尔在自行车比赛中取得了第一名的好成绩，莱特兄弟的自行车行的生意更加火了起来，在这样的情况下，奥维尔不得不穿着满身油垢的衣服一天到晚地在厂里拼命地赶工，禁不住长期的辛劳，身体状况一直很好的奥维尔突然病倒了。

其实，奥维尔是由于不分昼夜地干活，加上晚上经常思考一些问题，体质有所下降。当时，代顿正流行伤寒病，这种病传染性很强，所以体质下降的奥维尔不幸染上了。

在那个时候，伤寒病是一种非常严重的传染病，当时没有一种特效药可以治疗，要是得了伤寒病，性命就很难保全。即使侥幸治过来了，要完全恢复健康，至少也需要静养半年以上。

接到儿子病重被隔离的消息，父亲密尔顿也专门从外地赶了回来，看望自己生病的儿子，并为他祈祷。

哥哥威尔伯和妹妹想尽方法来挽救奥维尔，威尔伯要去照看商店，照料奥维尔的重担就落在凯特身上了，她日夜守护着他，精心照顾奥维尔。

也许是他们的诚意感动了上帝，奥维尔逃脱了病魔的魔爪，成功地保住了生命。

"哥哥，凯特。真谢谢你俩，"奥维尔激动地说，"现在，我觉得我浑身充满了力量，我又可以下地干活了。"

"不行，奥维尔，现在你必须卧床休养，继续恢复体力。要是干活，那会旧病复发的。听话，一定要先休养好。"

威尔伯很严厉地说道，他要求弟弟好好休养。可是奥维尔天生好动，是一个闲不住的人，就这样安安静静地躺在床上，他实在有点受不了。

"要不，哥哥。我每天找些杂志、报纸给你看吧！"凯特想出了一个折中的办法。

"好吧！"

于是，凯特每天把找来的一些杂志和报纸给奥维尔看，从中奥维尔知道了许多新的科技消息。

有一天，奥维尔把报纸打开一看，当即"啊！"地大叫一声。原来上边的一条消息让奥维尔大吃一惊："卓越的德国人李莲塔尔滑翔机失事，生死未卜。"

李莲塔尔就是那位坐滑翔机在天空飞行的人，莱特兄弟两人很早就知道他的大名，并且很崇拜他。

当奥维尔正在因此而惊讶难过时，威尔伯也带着一张报纸，脸色苍白地走了过来。

"哎！德国的李莲塔尔死了！"

"是呀！我也刚刚从报纸上知道了这个惊人的消息。"奥维尔一脸震惊地说道。

威尔伯有点儿疑惑地说道："为什么，是什么原因使李莲塔尔坠落身亡的呢？"

"我也没看出来，报纸上却是这样认为的，说人类可以像鸟那样飞行是不可能的。李莲塔尔的飞行简直是瞎胡闹，坠落身亡是必然的。"

"奥维尔，那样说是不正确的。你还记得小时候，爸爸给咱们买过的礼物纸蝴蝶吗？"

"记得，清清楚楚地记得。"

"那时候，咱俩不就试验把纸蝴蝶放大，希望人也能坐在上边飞上天空吗？后来我们还做一个更大的飞鸟，希望它能够上天。其实，人类从很早的时候起，就有了飞向天空的梦想。李莲塔尔的行为没有错，他的失败为我们留下了宝贵的经验和教训，是有意义的。"威尔伯的眼神中闪烁着智慧的光芒。

"那么，李莲塔尔的滑翔机怎么会坠落呢？是什么原因？"奥维尔疑惑地问着威尔伯。

威尔伯深思了一会，说道："咱们找一找滑翔机资料研究研究吧！"

兄弟两人会心地笑了。

为了有时间去研究飞行。莱特兄弟雇用了他们熟悉的伙伴杰克来管理他们的自行车车行，在车间里又找了一些帮手。

有空暇的时候，莱特兄弟二人就到郊外去观察各种天气动态，记录下风和气流变化情况及鸟类飞行动作。

有一次，当一群大雁从天空中飞过时，莱特兄弟二人不仅观察大雁起飞时的动作，更注意大雁飞翔的动作姿态。当一阵强风袭来时，大雁就兜一个圈子，并猛拍翅膀，要是风向只朝一个方向吹，雁群就歇下来，平展双翅，一动也不动，非常自在。

同时，在晚上的时候，莱特兄弟就开始阅读有关飞行方面的杂志、书籍、文献等，法国的著作《动物的运动》，内容主要是有关于人类和鸟类的骨骼组织，以及鸟类振翅起飞的各项动作的图解说明。威尔伯兄弟俩反复地阅读这本书，受益匪浅。

在此期间，莱特兄弟还专门拜读了文艺复兴时代的西方天才画家兼科学家达·芬奇的著作，达·芬奇在纸上画了许多飞行器，有的用脚踩，有翅膀振动装置，也有类似降落伞的各种设计，这些奇想只能说是一种天才的发明，事实上却根本没有实现。

1796年，英国人乔治·凯莱详细地观察了鸟类飞翔，进行了大量研究后，开创性地制作了一架滑翔机。他得到的理论是，鸟类在空中作水平飞行时所受到的空气阻力，就成为了支持鸟类在空中的浮力。

乔治虽然提出了这个理论，但是限于当时的技术水平却根本无法证实，直到30年以后，才有一个名叫约翰·史托费罗的英国人应用实践了。他曾经制作了一架单翼飞机，但是，不幸的是，试飞结果是只飞了30多米就摔了下来。

威尔伯和奥维尔二人专心研究飞行，并在一起探讨前人飞行及理论的得失。他们买了一本《1895年航空年鉴》，里面有一节专门讨论"比空气重的机械"，这引起了莱特兄弟极大的兴趣。

为了继续研究这些问题，莱特兄弟托了很多朋友帮忙，拿到了一套《航空力学理论集》，这是美国的一个科学协会用来赠送给会员的非卖品。

随后莱特兄弟买到一本由当时著名的研究飞行的蓝格利博士所编写的《航空试验》。兄弟俩废寝忘食地读了起来，边读边提出了一些飞行问题，他们就写信给华盛顿的蓝格利博士，向他请教航空飞行知识和一些问题。

蓝格利博士是美国著名的科学家，主持史密斯尼安研究所的工作，他收到莱特兄弟的信以后，非常高兴能找到志同道合的朋友，就给莱特兄弟寄来了很多这方面的最新的书籍。

这样，莱特兄弟就读到了美国科研机构的《航空力学理论集》和奥克坦·夏纽特的《飞行工具的进步》，还有奥特·李莲塔尔的研究论文以及弥勒尔所著的《空中王国》等最新航空书籍。

这些书籍大大丰富和扩展了莱特兄弟俩的知识视野，使他们接触到了那个时代最前沿的理论知识，为他们日后的飞行试验奠定了坚实的理论基础。

由于莱特兄弟二人越来越痴迷于航空飞行，他们便把自行车店业务全部委托给朋友杰克来管理了。

李莲塔尔的启示

在众多的航空飞行试验者中，有一个人的名字不得不提，他就是李莲塔尔，他对整个先期的飞行试验做出的贡献最大，对莱特兄弟产生的影响也最深，他是探索航空飞行的先驱。

李莲塔尔是德国人。

在44岁的那年，他写了一本名为《飞行器驾驶技术基础的鸟类之飞行》一书。这本书是他多年研究的结果。4年以后莱特兄弟也读到了这本书，并且从中吸取了很多知识。

1891年，李莲塔尔站在一处丘陵上，根据鸟类翅膀的形状，计算出空气阻力、浮力关系的公式，并制作成模型，让模型逆风飞行计算数字。他把不同的变化绘成曲线图清晰地描绘下来，叫作"极曲线"图。

他还在机翼模型上加以相当的风力，使其成为和飞行中情况相同的试验装置，叫作"风洞"。

这些试验设计，就是在今天，仍在被航空界广泛应用。

可是，对于眼前的这些成就，李莲塔尔并不满足。他决定要亲自去进行飞行试验！"不管是能够顺利飞行还是从上面跌下来摔死，我都要尝试一下。"

李莲塔尔怀着复杂的心情站在丘陵上，他用柳木做骨架，架上绷上棉花，然后涂上一层蜡。于是，一个翅膀宽为7米，重为10千克的飞行器就做成了。

看好风向后，李莲塔尔用双臂紧紧抱着飞行器，纵身向前一跃。在风力带动下，他轻飘飘地滑翔了起来，当侧面吹来一阵微风时，身体便开始摇摆起来。

"咦！风向改变了，稳定性也改变了。"

李莲塔尔敏锐地察觉到了这点，他用悬空的双脚左右不断地晃动，终于取得了平衡。最终，他顺着山坡，滑行了20多公尺，安全着陆了。这一次飞行试验成功，使李莲塔尔兴奋不已，他以更大的热情和精力投入了制作更大的飞行器上面。

几天以后，他把自制的滑翔机加以改良，机翼加大了两倍，成了一个面积15平方米，重达24千克的模型翅膀。这一次，他选择了一个更好、更适合做飞行试验的丘陵。"这机翼的构造看起来是正确的。"

李莲塔尔对于自己做好的机翼比较满意，这一次的飞行，顺利滑行了200米。

第三次他用这模型在高度为60米左右的利洛山上进行滑翔。这个山是非常适宜滑翔的好地方。不管风从哪个方向吹来，都能沿着山坡滑翔200米以上，所以，第三次的飞行试验也顺利成功了。

"经过这次试验，我终于知道了鸟儿飞行的原理了。"

李莲塔尔就在这一段时间里，静下心来思考设计自己的飞行模型，经过不断改进，终于制成了一架他自认为非常理想的滑翔机。

1896年8月8日，李莲塔尔乘坐火车，带着自己满意的飞机来到了柏林郊外的一个理想的山上。

8月9日，李莲塔尔将两臂插入机翼上的皮带里，手握操纵杆，望了望前面的天空。蔚蓝蔚蓝的天空上飘浮着朵朵白云，微风习习，非常惬意。

于是，他满怀信心地向前纵身一跃，飘了起来，他的心情非常轻松愉悦。在这一瞬间，映在他眼前的，除了暖和的阳光和晴朗的天空外，还有他的理想和志向。

突然，一阵强风猛烈地刮了起来。机身也开始左右摇摆，他开始并没有太在意，因为飞行试验过程中他多次遇到过这种情况了。

不久，机翼也剧烈地摇晃起来，他几乎无法控制了，他全身失去平衡了，从飞机模型上坠了下来，失去了知觉。

当他苏醒过来时，他嗅到了一股强烈药味和难忍的疼痛，张开眼睛看到了雪白的天花板和墙壁，妻子正坐在床边轻轻地哭泣。

8月10日早晨，在贝尔克曼医院里，这位以毕生精力从事航空飞行研究与试验的飞行先驱者，李莲塔尔，年仅49岁便逝世了。

可是，伟大的先行者以自己的生命为代价向天空挑战，人类飞向蓝天这条道路，真的就此断绝了吗？

不！后继者中最为突出的是英国青年巴修尔·毕尔加！

毕尔加曾利用李莲塔尔的滑翔机做过几次试验。对于飞行也非常感兴趣，对鸟类飞行也做过细致的观察。他觉得李莲塔尔依靠双脚的摆动来维持机翼平衡，始终不如鸟类使用尾巴那样摆动自如。

毕尔加回国后，就设计了一个可以移动的水平尾翼，安装在自己制作的滑翔机模型上，这样在滑翔过程中，就可以自由地转换方向。他又在机身下面装了轮子。以便于着陆后的滑行。他又为自己的这种新滑翔机型命名为"老鹰号"，试飞的结果是225米。

1899年10月的某一天，当毕尔加再次进行飞行试验时，在滑翔过程中，因机翼折断而不幸遇难。

这年岁末的某一天，威尔伯的自行车店里来迎来了一位60多岁的白发老绅士。

"请问，谁是莱特先生？"

"哦。我就是，您是？"

"我叫夏纽特。"

"啊，您就是夏纽特先生，我读过先生您的大作，您能亲自来真的是太激动了，欢迎欢迎！"

夏纽特先生随威尔伯来到了家中，威尔伯向夏纽特先生介绍了自己的弟弟奥维尔，因为之前经常通信，彼此之间有一见如故的感觉。

"啊！我知道你们莱特兄弟。"

奥克坦·夏纽特的祖籍是法国，6岁时随父母移民美国，17岁就成为了一名土木工程师。他参与了李莲塔尔的飞行研究与试验，为李莲塔尔提供了许多理论上的支持。

"先生的研究资料使我们受益匪浅，对我们的帮助实在是太大了。"奥维尔无比崇敬地对夏纽特说。

"我呀！在年轻的时候，也做过各种飞行试验，也曾经用滑翔机飞行过，现在也还在研究着呢！"

夏纽特先生顿了一下，接着说："你们知道英国有个叫毕尔加的青年吗？他也是爱好飞行试验的人，他设计的滑翔机比李莲塔尔的多装了一个尾翼，并且他能够操纵着舵使机身移动，有了很大进步。不幸的是，他也牺牲了。我现在是上了年纪的人，心有余而力不足呀！我知道你们也有志于航空飞行，所以，我给你们带来了一些重要资料。"

说着，夏纽特先生笑着从皮包里拿出一沓笔记簿、蓝图和一些旧图表来。"怎么样？你们看看，这是当初李莲塔尔送给毕尔加的飞行资料，后来转到我手里来，都是些很重要的资料呢！"

"啊！李莲塔尔先生的遗物？"

"是的，毕尔加不幸罹难后，他的家人把这些重要资料交给了我，要求我送给有志于航空飞行的人，这其中也有一些我做航空飞行试验的资料。"

夏纽特先生一边抚摩着翻阅着那些用生命和鲜血为代价换来的珍贵资料，一边说："今天，我把这些资料全部送给你们！"

"什么？您要把这些资料送给我们？"

莱特兄弟惊讶了，那是几代人呕心沥血的宝贵记录，是染上了鲜血的珍贵遗产啊！就这样送给他们兄弟了？

"是的！真的！全都送给了你们。这些东西我留着也没有用，只能是白白糟蹋了它，但是你们不一样，你们现在正需要它，我希望它能给你们带来一些帮助。"

兄弟俩激动得什么话也说不出，只能紧紧握住这位老先生的手。

夏纽特先生在临走之际，又严肃地对莱特兄弟叮嘱道："莱特先生，你们在以后制造滑翔机时，一定要特别注意稳定和操纵性方面的问题。"

"谢谢您，夏纽特先生！我们知道了，我们一定要好好地干，实现先辈们的梦想。"

莱特兄弟俩斩钉截铁地对夏纽特先生说，他俩对血染山丘的李莲塔尔，以及因机翼折断而牺牲的毕尔加，有了一层更深的认识，并且从内心里深深地感激为飞行试验而不幸遇难的前辈们。同时，对征服天空、实现梦想的决心，更加坚定了。

时代的飞行

不存在的事物可以想象，也可以虚构，但只有真实的东西才能够被发明。

—— 莱特兄弟

前往基蒂霍克试飞

夏纽特先生走后的几天里，莱特兄弟仔细阅读了夏纽特先生送来的珍贵资料。他们从中获得了丰富的启示。

"奥维尔，我想飞翔天空的梦想之所以久久未能实现的原因，恐怕就是试验时间、次数太少吧？李莲塔尔虽然花了5年的时间从事飞行研究，但是花在飞行试验上的时间太少了。"

威尔伯看着手中的数据，对弟弟说道。

"是呀！我也算了一下，李莲塔尔所有空中试验的时间加起来，总共也才不过5个多小时呀！"奥维尔补充道。

"这就好比是我们刚刚学会了骑5个小时的自行车，难道就想在闹市中自由自在地驰骋吗？"

"人类对飞行所知甚少，所以要想自由安全地在天空中飞行，就非得要有一系列的练习不可。"

莱特兄弟从李莲塔尔、毕尔加、夏纽特等人的飞行试验与研究中，获得了丰富的知识和深刻的教训。

莱特兄弟俩决定在原先精心研究的基础上，进一步对天空的气流、风速等进行更为精确的试验，以取得第一手翔实而可靠的资料。

星期天，莱特兄弟俩带着自己设计的箱式风筝，走到郊外进行观察试验。

这个风筝是他们俩精心设计出来的，箱子的两侧系了四根绳子，风筝上某些部分采用了自行车上的零件，目的是想知道浮在空中的物体，怎样才能稳定地飞行，怎样才能操纵它变换角度方向。

在多次试验的情况下，他们有了丰富的航空飞行数据知识。

　　终于，在1900年，莱特兄弟打算制造一架滑翔机，进行真正意义上的航空飞行探索试验。于是，他们先是选购了一些必要的材料，然后便开始精心制作起来。

　　这架新制作滑翔机参考了李莲塔尔的飞机数据，分毫不差地先将木料锯断刨光、削圆，然后组合起来，最后在外部用坚韧结实的布料包裹起来。

　　经过莱特兄弟二人几个月的不停忙碌，这架令人较为满意的滑翔机终于制成了。要知道，这是他们在经营莱特自行车商店各种业务的同时，挤出时间完成的。

　　最后，还有一个问题，那就是飞行试验的地点。

　　莱特兄弟又去信给夏纽特先生，把自己如何设计滑翔机的经过，以及寻找飞行试验的地点问题都向他说了，请他赐教。

　　夏纽特先生很快来了信，内容是佛罗里达州的松岛和加州的圣地亚哥，虽然那里海风稳定，但缺少可供滑翔的山丘，最后他建议不妨在北卡罗来纳或佐治亚州的大西洋沿岸找个合适的地点。

　　于是，他们开始向气象局咨询情况。气象局的气象资料上显示，在北卡罗来纳州的基蒂霍克，是一个理想的试飞场所。

　　威尔伯给基蒂霍克气象站的负责人写了一封信，首先向他说明自己很可能会带一架载人的滑翔机去那儿进行短期的试验，因此很有必要向他询问当地的各种情况。

　　比如天气、地形、交通以及自己能不能在附近得到膳宿供应，直到他和他的弟弟在那儿建立起自己的营地为止等。

　　诸如此类种种问题，威尔伯都一一在信中详细地叙述到了。

　　基蒂霍克气象站的站长约瑟夫·丁·多谢尔收到威尔伯的信后，于8月16日作了简单的答复。

　　他谈到了那儿的盛行风，还介绍了数英里以内的地质情况。

　　在写过回信之后，气象站站长多谢尔把威尔伯的信交给了他的一

位邻居威廉·丁·塔特，他还要求塔特也给莱特兄弟回一封信。

塔特是当地受过最良好教育的人，他家住在基蒂霍克的一个小村子里，离气象站大约有 1 千米远。

塔特是当地邮政局的局长，口才和文笔都很好，所以他在 8 月 18 日给莱特兄弟回信时详详细细地向他们介绍了基蒂霍克地区的情况。

塔特在给莱特兄弟的信中，不仅谈了那里的植被情况、大致的地形等，最重要的是谈到了基蒂霍克地区盛行的劲风。

这种只有在基蒂霍克地区才有的劲风，尤其适合威尔伯在信中所提到的飞行试验。

塔特还说为莱特兄弟提供膳宿是不成问题的，而且提供多久都行。

莱特兄弟准备滑翔机的零部件和材料只花了几个星期的时间，倒是剪裁和缝补蒙机翼的布、将桉木条弯曲成翼肋、焊接金属花费了兄弟俩大量的时间。

莱特兄弟俩制作整架滑翔机所用的实际花费，实际是微不足道的，也许还不到 15 美元。

兄弟俩最终决定，奥维尔先暂时留在代顿市照顾自行车行，等到威尔伯在基蒂霍克安顿下来后，奥维尔再去基蒂霍克。

9 月的一天，威尔伯踏上了去基蒂霍克的道路，他同时带去的有滑翔机的零部件以及所有做试验所必需的部分。

不过，他唯一没有带的是云杉木材，因为他希望在驻地的附近能够弄到那种材料。

实际上，去基蒂霍克的路程要比威尔伯预想的远得多。

人们只要看一看北卡罗来纳州的地图便会了解到，在大西洋海滨和阿尔伯马尔湾、帕姆利科湾和罗阿诺克沙滩之间有一片孤立的像长带子一样的海滩。

莱特兄弟到那儿去的时候，在这片海滩和北卡罗来纳州大陆之间还没有一座桥，甚至和附近的罗阿诺克岛之间也没有任何桥来连接。

在这片沙滩上有一座基蒂霍克急救站，急救站旁边有一个气象站。

在离海边大约 1 千米远的地方就是基蒂霍克镇，尽管那儿也有一个邮政局，可是它并不比一个村落大多少，只有一片住宅，仅此而已。

而且这个小镇上，大部分房屋都像普通的农舍一样散得很开。在基蒂霍克南边 6 千米的地方是基尔·德维尔急救站。

1900 年 9 月 9 日，威尔伯来到北卡罗来纳州的伊丽莎白市。

"先生！打扰一下，请问去基蒂霍克最近的路要怎么走呢？"

威尔伯拦住一位路人，礼貌地问道。

"基蒂霍克？没听说过呀！"

"没听说过？不会吧！那里有个气象站的！"

威尔伯怀疑这个人一时之间忘记这个地方，就提示性地说道，在他心中，有气象站的地方应该会很出名才是。

"先生！虽然我也很想帮你，但是我真的不知道这个地方。"

威尔伯一连问了好些人，但是出乎他的意料，居然很多人都表示从来没有听说过那个地名，这在当时来说是不奇怪的。

威尔伯好不容易才了解到有一条船每星期一次开往罗阿诺克岛，可是这条船在前一天已开走了。

威尔伯简直是心急如焚，他一刻也不想耽搁，便急忙走到水边去打听，看能不能雇到一条船。

在那儿威尔伯遇到了一位叫佩里的船主，此人曾经是基蒂霍克的居民，长年累月住在一条平底船上。

由于其他的船主都不愿去基蒂霍克，威尔伯只好不顾平底船舱的肮脏，也不顾船主的冷脸，订下了佩里的船。

他立即把从代顿市运来的滑翔机的零部件和其他货物一齐装进

船舱。

9月10日早晨，威尔伯开始了去基蒂霍克的64千米的航程。

当他们乘坐小船离开码头，驶向平底船停泊的地方时，威尔伯发现那条小船渗漏得很厉害。

"佩里先生，这船安全吗？"

"放心吧！先生！"佩里向他保证说，"它比那条大船还安全。"

可是，佩里先生这番话并没有给威尔伯增加多少信心。事实证明，不久他就发现自己的不安是有道理的。

船在海面不紧不慢地行驶着，可是到了下午三四点钟的时候，他们遇到了非常强劲的顶头风。

佩里先生只好把船驶进了北河较为平静的水面。他们就停在那里，听天由命地等候好天气的到来。

那时的威尔伯，胃口其实是很好的，可是他发现无论是船上的食物还是厨房里的卫生，甚至连中等水平都达不到。他只好找了一个看似合理的借口，尽量礼貌地谢绝了船上的食品供应。

然而，威尔伯随身带的可以充饥的全部食物却只有临走时妹妹凯特塞进他衣袋里的一小罐果酱。

恶劣的气候一直延续到第二天下午，威尔伯和佩里先生就在小船里有一搭没一搭地交谈着。他虽然很是困倦，但想到这只船的状况，就开始担忧。

那天夜里21时，他们的船终于到达基蒂霍克湾的一个备有小型仓库的码头。

由于没弄清楚上岸后的路线，威尔伯只好饿着肚子在船上一直待到第三天的早晨。

一个名叫鲍姆的小男孩同意领他到威廉·丁·塔特的家里去，那儿离码头不到500米远。

9月12日清晨，当威尔伯到塔特家的时候，离他最后一次吃饭，即在那条脏旧的平底船上所吃的果酱，刚好整整 48 个小时。

来到了塔特的家，威尔伯先作了自我介绍。

"威尔伯先生，感觉这次旅行怎么样？还算愉快吧！"塔特关心地问道。

威尔伯无可奈何地摇了摇头，苦笑道："先生，别开玩笑了！我的背部痛得很厉害，两条胳膊也酸痛得抬不起来呢！"

威尔伯之所以会如此痛苦，一方面是因为睡在肮脏的甲板上；另一方面是由于船遇着劲风，在河中摇晃得厉害，两只手必须紧紧地抓住船舷，使两只手都麻木了。

当然，更重要的原因是他一点儿也吃不进佩里船上所供应的食物，因此，人已疲乏至极。

一号机制造试飞

"你是说你已两天没有吃饭了吗？"塔特吃惊地问道。

威尔伯的回答在这个好客的家庭里迅速引起了反应。虽然当时塔特一家已用过早餐，可是塔特太太很快又在厨房的炉子上生起了火，做了一大盘美味的火腿蛋。

饭后，威尔伯问塔特道："塔特先生，不知道我是否能在这儿得到一个星期或更长时间的膳宿供应，直到我弟弟奥维尔到来呢？"

"我想这个问题我要和我妻子商量一下。"塔特说完就走进邻室去问他的妻子。

塔特太太有点儿慌张地说："这个年轻人是一个有时间和有钱搞几个星期之久的体育活动的人。毫无疑问，他一定是一个习惯于过奢侈生活的大富翁，他对我们提供的最好的膳食服务能感到满意吗？"

由于门是半开着的，威尔伯能够听到他们的对话。

威尔伯向隔壁房间的门口走去，解释道："很抱歉，我无意中听到了你们的谈话。不过你们可以放心，我只希望能作为一个普通的顾客被接待，并不需要任何特别的照顾。对于你们殷勤的接待我感到很开心，真的谢谢你们。"

"他一定是一个有教养的人。"

塔特心想，他认定这就是问题的答案，于是不等妻子答话他就对威尔伯说："威尔伯先生，我想您一定很累了，何不到我们闲着的卧室里去睡一会儿呢？"

"还是先洗一洗吧！"塔特太太很快从衣橱里拿出塔特的衣服递给了威尔伯。

"谢谢!"

威尔伯十分感激地点了点头。

到达基蒂霍克的第二天，威尔伯就开始工作了。他带着组装滑翔机的各种零部件及其他货物兴致勃勃地来到沙滩上，望着这里一望无垠的沙滩、适于起飞的小土丘，以及徐徐吹来的海风，威尔伯深感这里是飞行试验最理想的地方。

威尔伯做的第一件事是在沙滩上支起帐篷。他凭着自己的经验选了个地方，那儿离塔特的家大约有 1 千米远，周围有几棵树，能够望得见海湾。

他把装有各种零件和工具的柳条箱一个个拖进帐篷里。白天他在沙滩上忙碌着，晚上在塔特的家里用塔特太太的缝纫机缝制滑翔机的蒙布。

早先在代顿市他用优质的法国白锦缎已为滑翔机做好了蒙布，当时考虑到能够更加适合滑翔机的框架，只是没有缝合蒙布的顶端。

可现在他不得不改小蒙布，因为滑翔机比原设计要小。

威尔伯在诺福克市或伊丽莎白市能够买到的能做滑翔机翼梁的木材最长的只有 4.8 米，而没有他需要的 5.5 米长的材料，所以他必须把上下翼的蒙布从中间裁断，再重新缝合起来。

组装滑翔机的全部工作是在威尔伯支起的帐篷里完成的。接着他又做起在沙滩上营造生活的一切准备工作。

他一心想在奥维尔到来之前将一切都准备好，可是天气炎热，运水到帐篷的工作就耗掉了他许多精力。

当奥维尔于 9 月 28 日到达后，他还有许多工作没有完成。

奥维尔的旅行十分顺利。他乘的船比佩里船主的船好一些。像威尔伯一样，他从伊丽莎白市到这儿也用了两天，那平静的海洋给他留下了深刻的印象。

奥维尔来到后，他们弟兄两在塔特家住了 5 天，然后他们就住进了帐篷。这个帐篷 3.6 米宽，6.7 米长，它的一角被系在一棵树上。

那棵树上栖息着一群模仿鸟，每当奥维尔弹起他从家里带来的曼德琳时，那些鸟儿也会伴随着琴声引吭高歌。

基蒂霍克镇上很少有人来访问这个奇怪的帐篷，原因之一就是有消息传开去，说是莱特兄弟使用煤气炉，十分危险。

然而塔特对莱特兄弟用一种自行车上的电石灯照明留下了很深的印象，他也想在自己家里安装一盏这样的汽灯呢！

莱特兄弟不得不走过 300 米沙地去提水，奥维尔自愿承担了厨师的工作，在基蒂霍克进行试验期间他一直做这个工作。

奥维尔觉得在购买食品方面他比哥哥要能干一些，而洗碟子的工作自然就是威尔伯的了。

由于在那一带买不到新鲜面包，奥维尔学会了用奶油制作饼干的技术。他做的饼干质量很好，后来他的父亲曾坚持说，任何人都做不出那么好吃的饼干。

为了节省时间，奥维尔总是一次就和好够几天用的面粉和其他原料，因为一天内要烤三次饼干。

一切准备妥当之后，兄弟两人就立即着手重组滑翔机，准备进行试验。组装好了以后，他们二人又携手观察了一些风速和气流变化情况，初步想好了飞行的各项注意情况。

莱特兄弟这次设计的滑翔机，是以李莲塔尔和夏纽特先生制造的滑翔机为蓝本的，但也在其中进行了一些技术改良，飞机机翼变得锐薄，以便承受气流的不同变化。

此外，这架滑翔机是复翼的，没有尾翼。在前面加了一个 5～7 度角的舵面，这样驾机者不是坐着而是俯在下层机翼上进行操纵，从而大大减低风的阻力。

经过反复检查，认为没有问题后，他们就要准备飞翔了。

"放开！"

威尔伯大喊一声，前面的奥维尔拉着绑在滑翔机上的绳子向前飞奔。

在飞机上的威尔伯心脏扑通扑通地激烈跳动着，这是他有生以来第一次飞行呢！

按照理论知识，这个时候滑翔机应该浮起来才对，但是事实并非如此。滑翔机只在地面上滑动了几下，就因为吃重跌落在沙面上。

"咦？怎么会不行？"

奥维尔满脸诧异地跑了过来。

"奇怪！根据李莲塔尔的公式计算，以这样的翼面，在 6 米/秒的风速下，载人滑翔应该是没问题的啊！奥维尔，现在由你来操作，再试一次看看能行不？"

但是，滑翔机依旧没有飞起来。之后两人又试了好几次，结果还是机不离地。

莱特兄弟两人难过地坐在软软的沙滩上，一边擦着汗，一边寻找原因。

从飞行准备，到飞行操作，实在找不出毛病，威尔伯走到滑翔机前面，拾起绳子向前试着往前拉，刚跑了几步，他就看到身后的没有载人的滑翔机有了缓缓上升的趋势。这时，他心中恍然大悟。

"哦！我知道了，是因为之前的风力还不足以产生飞机载人的浮力，所以无法起飞。"

等到风力增大到 8 米/秒时，威尔伯又满怀信心地召唤奥维尔，再次准备飞行。

威尔伯爬上滑翔机，奥维尔拉着绳子努力向前奔跑，渐渐地，这架 27 平方米的滑翔机开始缓缓地飘浮起来。威尔伯小心翼翼地操纵着，随即把手放开，滑翔机真的离地起飞了。

只见飞机在离地 2.5 米的天空上向前迅速滑行，沙滩急速地向后退去。强风在机翼和金属线之间呼啸而过。

"太好了，太好了，哥哥，滑翔机终于飞起来了！"

奥维尔高兴地大喊着。

　　威尔伯驾机滑翔了 30 米，接着，由奥维尔上去操纵，也获得了同样的成功。

　　"这架飞机的设计，好像有什么地方不太对劲。"

　　晚上休息的时候，威尔伯对奥维尔说："从飞行理论来看，机翼的浮力是跟面积、角度以及风速成比例的。"

　　"刚开始试飞时，风力只有 6 米/秒，角度是 3 度，还不足以产生连机载人的浮力，所以不能升空。后来，我拉着不载人的空机，它不立即有了一种上升的趋势吗？李莲塔尔的公式是不正确的。咱们要进行试验，寻找正确的公式。"

　　莱特兄弟二人就在这偏僻的渔村，反复进行了近一个月的飞行试验。当一个人在空中滑翔时，另一个人就在沙滩上做飞行记录，写下各种参数。

　　虽然这中间也掉落过不少次，但由于沙滩松软，所以并无大碍。这些飞行，使他们获得了宝贵的实践经验。

　　冬天到来了，基蒂霍克的气候逐渐冷了起来，风也更大了，这个时候的气候已经不太利于试飞了，莱特兄弟就回到了代顿市。

　　"奥维尔，我觉得李莲塔尔的计算有错误，我们一起重新计算一次吧！"

　　"好的，哥哥！这件事情很重要，我们马上开始吧！"

风洞现象的发现

回到家中后，莱特兄弟就开始着手做试验，来修改更正李莲塔尔的计算公式。首先，他们要重新制作一个风洞。

这个风洞看上去只是一个老式的淀粉箱子，长不过 0.4 米，被搁在自行车铺的地板上。他在箱子里面放了一台装置，其主要部分只是一个在枢轴上转动的金属杆，其式样同风向标相同。

当气流穿过箱子时，可以用里面的金属杆像天平那样对弯曲翼面和平翼面进行比较。奥维尔在箱子的上面装上玻璃盖，这样里面的活动能一目了然。他往往可以透过玻璃盖，能测量出同样面积的弯曲翼面和平翼面在同样气压下迎着气流的角度。

用这个粗糙的装置所进行的试验只持续了一天的时间，奥维尔所得的数据就足以证明过去已经公布的在弯曲机翼上空气压力的数据是有差错的。

正如奥维尔后来所知道的，差错最大的数字是处于小角度的翼面上，而这正是飞行中将要用到的。真是山重水复疑无路，柳暗花明又一村，奥维尔的风洞试验使他们研究飞行的事业跨出了极其重要的一步。

威尔伯从芝加哥回来后，他们决定在发言稿中删去威尔伯在大会发言中对前人公布的数据的很严厉的批评部分而采取谨慎的态度，使自己立于不败之地。

他们要等到新的风洞试验给他们提供更准确的数据后再说。当威尔伯的发言被刊登在 1901 年 12 月的《西部工程协会杂志》上时，威尔伯震惊了，他的发言稿引起人们的论战。

人们的各种指责迫使莱特兄弟不能停止研究空气压力的问题，在公众面前，他们要拿出自己充分的理由来确立自己研究的数据和立论是正确无疑的。

于是他们决定再做一个风洞来继续试验。这个风洞要比奥维尔仓促做成的那个更完善一些。这个新的风洞是一个两端开口的木箱，里面宽约 0.4 米、长约 0.4 米。

空气被吹进箱内后，在通过一个像小鸽子洞的装置时，气流将平直地大小始终如一地通过。他们想用一座电扇向风洞内鼓风，可是他们的自行车铺里没有电。

他们只好改用先前制造的一台燃气发动机带动风扇。这台风扇被装在一个有砂轮的轴上，一个新的测量装置或者叫天平是用原来打算做自行车刹车的金属丝和一段钢锯锯片做成的。

这个风洞的箱子比第一个先进得多，它不仅能测量"升力"，还能测量"流速"。当弯曲翼面以 90 度的角度迎着气流，与矩形平翼面上的气压对比测量时，就没有必要了解气流的精确速度了。

在 1901 年的秋季和初冬时节，莱特兄弟在风洞里进行了 200 多次各种类型翼面试验。他们把这些机翼模型做不同角度的试验，当机翼开始上升，他们以 2.5 度的间隔将它的角度上升到 20 度，然后又以 5 度的间隔上升到 45 度。

莱特兄弟俩分别用单翼机、双翼机和三翼机的模型做了试验，利用兰利教授在试验中使用过的前后双翼机做了试验，测量了不同的"展弦比"产生的升力，发现翼展和弦的比率越大，机翼就越是容易支撑住。他们测量了厚薄不同的机翼，其中有一个机翼竟差不多有它的弦的 1/6 那么厚。

莱特兄弟俩的试验证明了那时人们常常采用的一些方法来设计飞机是错误的。比如设计机翼的前部呈刀口形或者大弧度的机翼往往是没有效率的。

有时候，试验的结果是那么出乎他们的意料之外，以致他们自己都不敢相信他们的测量仪器了。因为风洞试验得出的数据同有关研究人员公布的所有数据相反。

自行车铺里的这些风洞试验只进行了两个月多一点的时间，在1901年圣诞节前就停止了。莱特兄弟很不情愿地中断了试验，原因是他们经济上遇到困难了。

莱特兄弟俩之前是依靠自行车店来维持生活，但是现在他们不得不考虑谋生的方法。他们从来也没有把自己进行的科学试验同经济收入联系起来。

然而，就是在那几个星期里，他们完成了一项其意义重大到无法估量的事业。他们不只制造了世界上第一个能对模型机翼进行准确试验的风洞，而且在世界上第一次使用风洞得到一整套科学数据，并根据这些数据设计出飞机。

即使是在今天，风洞仍然为各种各样的航空试验室所广泛运用，只不过是配备了现代科学能够提供的更先进更精密的仪器罢了。

今天的人们对莱特兄弟当年得到的数据进行了再试验，其差异竟小得令人吃惊。然而，莱特兄弟当时所遇到的困难和他们在自行车铺里进行的科学试验还没有为人们所了解。

现在全世界都知道他们是第一个制造出飞机并第一个真正进行了飞行的人，可是，人们并不完全知道他们的飞机飞上天以前他们所从事的大量乏味的、严格的科学试验。

正如飞机的控制系统与莱特兄弟的名字分不开而显示其重要性一样，如果没有风洞的发明与试验使他们能够设计出能够飞行的机器的话，也就没有今天这样的航空事业。

为了科学，莱特兄弟俩的经济已陷入了绝境。白天，他们必须要修理自行车，来赚取一点收入用以维持生活，风洞试验的研究只能用晚上的时间进行。

居住在附近的邻居觉得很奇怪，最近一阵子这两兄弟像着了魔似的，整夜整夜地在车铺里不知弄什么名堂？

一天晚上，好友杰克实在好奇，就走进车铺瞧瞧，只见汽灯通明，小小的房子里塞满了车轮胎、铁架、铁条、木料等乱七八糟的零部件，一台风扇嗡嗡地扇着，不断鼓起风吹向一个破箱子。

莱特兄弟两人一会儿趴在箱子上看看，一会儿在桌面的图纸上计算。

"你们在做什么呢？"杰克好奇地上前问道。

威尔伯抬起布满血丝的双眼，毫无表情地看着杰克，又埋头继续干他的事情。奥维尔抿嘴笑笑，抬头擦擦脸上的汗水，叹口气道："哎！杰克，你不懂得，我们在做一件很重要的事情。"

到底是什么东西使两兄弟这样着迷？杰克猜不出来。有谁能够想到，这样贫困的兄弟，在如此艰难的条件下，正干着史无前例的惊天动地的事业呢！

莱特兄弟还模仿鸟类的翅膀，做成各种折曲的机翼。设计出不同的形状，将它们分别放在风洞里做试验，然后测定在机翼上所产生的阻力和浮力。

经过多次试验，他们得出了一个结论：机翼的角度增加，浮力也就随之增加，不仅可以使机头上下移动，还可以使两侧稳定而平衡。

莱特兄弟就在这个冬天不断地进行试验，同时将李莲塔尔的计算拿来对照比较，发现了许多错误的地方。兄弟俩一一加以详密的校正，更正了李莲塔尔公式的错误，画出了许多有关不同翼面的新的"极曲线"。

1900 年春天，威尔伯和奥维尔根据冬天所做的种种试验的结果，制造出了第二架滑翔机，这是一架由他们兄弟二人通过试验而产生的新机，而不再是简单地模仿他人的了。

试验飞行一千多次

1901 年 7 月，夏纽特先生得知莱特兄弟又将做第二次飞行试验后，便向他们推荐了一位名叫郝福特的机械师协助他们。莱特兄弟等一行三人，便又来到了北卡罗来纳州的基蒂霍克渔村。

这是一架 28 平方米的复翼机，比以往所出现的任何一架滑翔机都要大很多，不仅如此，机前边还安装了升降舵，机后也安装了一个可以借助机翼的变动来维持左右两边平衡的方向舵。有了这些新装置，就可以使机身保持平衡，并且还能变换方向。

一行三人对这次试飞充满了信心。

7 月下旬的一天，莱特兄弟开始第二度的试飞。滑翔机在空中飞行了十几秒，滑行了有 300 多米，比上次在空中逗留的时间长，而滑行的距离也更远了。但是，机身不是向这个方向，就是向那个方向，很不稳定，升降舵也几乎没起作用，就整体而言，并不令人满意。

这次试飞，热心支持的夏纽特先生也不顾年迈路远，出乎意料地赶来助阵，让莱特兄弟感动不已。

"夏纽特先生。您都这么大年纪了，还老远地赶到这里来，真是让我们感激不尽啊！"

威尔伯上前热烈地欢迎着夏纽特的到来。

"知道你们这次试飞，我就在家中坐不住了，我急切想看到你们的飞行。盼望你们成功。听说你们已经制作出了新的滑翔机了，是吗？"老先生说出了肺腑之言。

"我们花了不少心血加以改进，但是这次飞行结果，却依然不很理想，机身摆动得很厉害。"奥维尔先向老先生讲了飞行情况。

威尔伯也有些羞愧地对夏纽特先生说："我们耗费了时间和金钱来进行飞行试验，是因为我们爱好机械，喜爱航天飞行，但也只是基于兴趣，即使我们耗费一生的光阴。这样锲而不舍地钻研下去，我看也是会有许多难题突破不了。"

夏纽特看看这位喜爱飞行的后辈有退缩的意思，便不假思索地鼓励他说："你们兄弟俩是非常聪明、非常勤奋的。你们现在设计的滑翔机虽然还有这样那样的问题，但它已经是世界上最先进的了。"

"现在，你们遭到了挫折，有些气馁，这是人之常情，是在所难免的。当年的哥伦布，又何尝不是从这个阶段上经历过？看看古往今来凡是取得大事业成就的人，谁不是经历过多次挫折。但是可贵的是，他们没有被挫折打倒，而是以坚定的毅力，继续前进，前进再前进。"

"夏纽特先生，哥伦布他们的心中有一个伟大的理想目标，不达目标誓不罢休。可我们兄弟二人只是基于业余的爱好兴趣，并没有别的奢求。"威尔伯坦诚地说出自己的心意。

"莱特先生，请允许我纠正你的看法，不错，你们研究飞行是基于兴趣爱好，但你们也应该知道，你们走的路是非常正确的，照现在这种情况发展下去，你们的飞行试验一定会有所突破的。人类在不久的将来，一定可以在天空中飞行。"

"到那个时候，这种飞行工具可能会成为人类交通最便捷的工具。在这方面。你们俩就是开拓者，现在，你们不能再仅仅是基于兴趣去研究飞行。而是要有责任把这个意义深远的试验继续进行下去，万万不可半途而废，要知道，世界上有多少人在注视、期待着你们呢！"

接着，夏纽特把话题转到了飞行技术上，他说："我认为，你们要想从容自如地进行飞翔，要有一份有关风速与机翼折曲度的精确量表，以便随时对照。"

"我们已经做过风洞试验了。"

"这还不够，还需要做多次试验，要精益求精，得出来的数据不能有丝毫的误差才行。"

夏纽特先生认真、郑重地对莱特兄弟说："这种要求并不高，因为你们从事的是高风险的飞行工作，来不得半点儿差错。"

莱特兄弟听了夏纽特先生的一番话语，不仅重新认识了航空飞行，而且也有了一份要征服天空、为后人开辟道路的责任感、使命感。他们决心奋勇向前拼搏，而不是向后退缩。

这年的夏天所刮的风，都很适合做飞行试验，兄弟俩每天轮流地练习。以便尽可能使飞行试验的次数加多，尽可能飞得再远一点。

在夏纽特先生的帮助下，他们改进了机前的升降舵，机体的姿势也变得非常地自由自在。兄弟俩总是围着夏纽特先生讨论各种试验的结果，而夏纽特先生也会给出许多宝贵的意见建议，并且不断地鼓励他们继续努力。

一眨眼，夏天就在兄弟俩不断的试飞中过去了，夏纽特先生向莱特兄弟道别，兄弟两人也回到了代顿市。

整个冬天里，莱特兄弟都在进行各种飞行数据测量试验工作，他们以精益求精、严密准备来要求自己，决心毫厘不差地找出有关的数字、公式。

他们先是用纸板做试验材料，曲折成各种角度，观察在风洞中的动态，接着又用金属片做风洞试验，由于质地不一样，所以试验数字有所差异，他们对此一一记录下来，进行分析研究。

这期间，莱特兄弟还发现了一个重要理论，那就是如果飞机的长度是机身宽度的 6 倍的话，在相同的情况下，要比长度是宽度 3 倍的飞机效果要好。以前他们的滑翔机，长宽比例为 3∶1。

1902 年夏天，莱特兄弟根据这一最新发现，他们制作了第三号滑翔机。这架新机的机身是按照长宽比例为 6∶1 设计的，机翼的曲折度也是依据风洞试验的新数据制成的，整个机身虽比二号机要小一点，前面有 5 平方米的升降舵，后面设有方向舵，以来保持机身的平衡。

1902 年 6 月，莱特兄弟第三次来到了基蒂霍克进行飞行试验。

这次的飞行试验竟然非常成功！

在时速约 50 千米的强风中，如同飞行在风速约 16 千米时一样平衡、安全，有时候滑翔了近 200 米远。在空中逗留的时间也竟然有 30 多秒，这样的成就，让他们兄弟二人也深感意外与惊喜。

当然，不足之处也还是有的。有时候滑翔机的机翼会倾向一边，机身变得倾斜了起来，严重时都撞到了沙滩上。

奥维尔认为这是控制不协调的问题，只要控制住两侧机翼和机尾，很好地合作就行。

"这就像鸟的尾巴和翅膀一起受同一个神经系统控制一样，飞机也是这样。过去的错误是两个控制部分来分别控制机翼和机尾，所以，就出现了不协调的毛病。这个毛病要是不纠正，机身就不可能保持平衡稳定。"

威尔伯同意弟弟的看法，他便用一根金属线来控制滑翔机的双翼和机尾。

"今天的风力太弱了，恐怕无法起飞了。"

又有一天，风速表的指针在 3 和 4 之间，在这样微弱的风力情况下，载人飞行的滑翔机是无论如何也滑不起来的。

"等等看吧！等风力大起来的时候再飞吧！"威尔伯看看蔚蓝的天空回答道。

可是，他们等了很长一段时间，天空依然风和日丽，白云朵朵飘浮在天边，似乎一动也不动，风势一点也没有转强的迹象。

"不管天气了，我上去试飞看看吧！"

奥维尔等得有些不耐烦了，便自己一个人登上滑翔机，试着飞一飞。可是让奥维尔和旁边的威尔伯吃惊的是，滑翔机竟然升空滑翔了起来，而且还平稳地向前滑了 50 多米。

奥维尔在机上乐得大叫："飞起来了，飞起来了！"

站在远处观望的威尔伯也兴冲冲地跑了过来，他满心疑惑地来到机旁，端详着这架滑翔机。

"奥维尔！奥维尔！你快过来看！"威尔伯以惊讶地语气喊道。

"怎么了，哥哥？是机翼折坏了吗？"

"不是，机翼没有损坏，但是，你看，机翼的曲折度变了。"威尔伯指着变化的机翼翼面给奥维尔看。

"怎么变了呢？"奥维尔顺着哥哥指的地方仔细查看，想了想说："哥哥，这次我们为了要使机身的重量减轻，所以采用了较轻、较细的材料，时间一长，它就渐渐地发生了变化，有些凹了下去。这是不是与我刚才升起来有关系呢？"

威尔伯也发表了自己的观点："对，有关系，你想想看，曲面发生了变动，它的浮力就不一样了，随着浮力的比率也就改变了。刚才的风势虽然很小，但是这个新曲面却能产生足以使机身上升的浮力。"

"哥哥！这可真的是一个宝贵的发现呢！"

莱特兄弟俩解开了刚才滑翔机能够起飞的原因。

实践出真知。兄弟俩对这句话有了很深刻的认识，如今他们已经能够在空中自由随心地翱翔了，但是兄弟俩并不因此感到满足，仍然锲而不舍地试飞、改良。后人统计，莱特兄弟二人在基蒂霍克所做的航空飞行试验，共计 1000 多次。

制造动力飞机

　　时间在莱特兄弟不断的飞行中一晃就过去了，转眼间，冬天快要来了，兄弟俩准备返回代顿市。

　　奥维尔一边整理行囊，一边对哥哥说着自己的新想法："哥哥，我们来到基蒂霍克也有 3 年了，滑翔飞行也进行了 1000 多次，在这方面总算获得了不少的经验和知识。不过，滑翔机做得再好，也是借助风力飞行，不过这样总依赖于风力才能使机身升高飞行，那也不是办法呀！"

　　"这是一个问题，你有什么新的想法？"

　　"我在想，能不能给它安上一个动力装置，使它能凭借自身的动力装置飞上蓝天，而不再依靠风力呢？"眼光远大的奥维尔大胆地说出了他的新构想。

　　威尔伯瞪大了眼睛，惊讶地说道："你是说，要在滑翔机上装上发动机或者螺旋桨？"

　　"对，德国人齐柏林在自己制作的飞艇上不就安装这种装置吗？"

　　莱特兄弟两人在返回代顿市的路上，脑海里一直在思考这个问题。当他们返回后，马上将自行车的修理工厂改为制造新飞机的工作场所。

　　"哥哥，你们不做滑翔机了吗？"

　　这时，在一所中学当老师的妹妹凯特放假回到了家。她看到店门口挂着"自行车构造兼修理"的招牌，不由诧异地问道。

　　"你自己看看吧！妹妹！"

　　工厂里满是机械带子，兄弟俩一个挥着铁锤，一个转动着机床，轰鸣声不绝于耳。

凯特不由地有些好奇，她问道："你们在忙什么呀？哥哥，我怎么没看到自行车呀？"

"妹妹，我们俩正在制造一架新式的动力飞机，但我俩又怕爸爸担心，就在门口继续挂着自行车修理的牌子，在工厂里，偷偷地做起新飞机来。"

"那不是又要花很多钱了吗？"凯特有些担忧地说道。

"凯特，不用担心，我们会有办法的。"

他们的朋友杰克也知道了莱特兄弟想靠动力装置在天空飞行的计划，便极力劝阻说："你们的滑翔试验，已经非常成功了，不要再去进一步冒险了，还是专心经营自行车行吧！这样还是比较切合实际的。"

杰克这样苦口婆心地一再劝阻，并不是他一人的想法，当时的人们也都这样认为。连当时著名的科学家纽克波尔教授也曾公开表示，人类希望在天空飞行无疑是痴心妄想，那是绝对不可能的事。

他的结论是，即使能够升上天空，一直向前飞，万一停顿下来，就会摔落下去，机毁人亡。

这种说法，似乎非常有道理，使人深信不疑，更何况，说这些话的，是当时人们所仰慕的大科学家呢！

但是，决心已定的莱特兄弟，并没有因为别人的嘲讽和朋友的善意劝阻而停滞不前、半途而废。

1903 年春天，莱特兄弟根据自己的构想，便开始准备、设计制作一架装有动力设备的飞机，他们整天忙碌着，机翼、升降器、方向舵等都需要精确计算各种仪器的比例尺度关系，而且要采用尽量轻型的材料制作。

这其中一个最重要，也是最为艰难的一个问题是，需要设计制造一台性能优良的发动机。

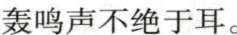

其实这种以动力装置来起飞的动力飞机，并不是莱特兄弟最早想到的，在他们动手之前，别人也早开始研究了。

早在七八年前，美国华盛顿的蓝格利博士就制作了一个动力飞机模型，来进行空气力学的试验研究。这个模型以 31 米/秒的速度旋转。

蓝格利博士采用试验的飞机是单翼的，他认为复翼机的上下两翼之间，空气散布流动，减低了飞机机身的上升浮力。

当莱特兄弟在基蒂霍克进行滑翔试验时，蓝格利博士的飞机模型已经能飞上天空 100 米左右了。

那个飞机的机重达 14 千克，翼长 4 米，机体是采用金属材料制作的，机上装有蒸汽为动力的引擎来拉动螺旋桨。

蓝格利博士的研究是他向政府申请，获得了 5 万美元政府资助进行的。

他和自己的助手查尔斯·曼利一起制造了一架能载人的动力飞机，机翼宽为 14 米，长为 16 米，面积是 66 平方米，机身总重量是330 千克。

1903 年 10 月，蓝格利博士选定了弗吉尼亚的波托马克河作为试飞地点。他先行建造了一艘巨大的平面船，在上面铺设了轨道，在轨道的一端装设了一个弹簧发射器，用它将停在轨道上的飞机推出去。

因为报纸登载了这则试飞消息，许多记者和好奇的人们闻讯赶来，一睹飞机的模样并观看飞行试验。

莱特兄弟也在家中从报纸上看到了这个消息，心中忧喜交加。

蓝格利的助手查尔斯·曼利戴着风镜，脖子上围着一条红绸丝巾，精神抖擞地登上飞机，发动了引擎，螺旋桨随即旋转了起来。

一声令下，工作人员迅速按动了发射器键钮，在弹簧发射器的大力推动下，飞机在千百只眼睛的关注下，飞离了船板，发出巨大的声音。

但是，飞机在离开船板后不久，并没有如愿地飞上天空，而是一头栽进了波托马克河中去了。

非常关注这次试飞的莱特兄弟听到这个不幸的消息，心情非常沉重。

接着，他们又听说蓝格利博士并没有灰心，而是决心做第二次试验。他俩深深地钦佩这位博士，也暗暗下定决心要以自己的聪明才智去推动航空飞行事业。

经过日夜加紧努力，他们设计的汽油发动机终于制造成功了。然后，就是计算机翼的大小，必须找好长与宽的最佳比例关系。

他们发现，长与宽之比在 6 ~ 7 之间最为理想，而机翼的浮力和阻力之比，在 3 度的时候最大，如果超过 5 度就开始变小，到 12 度就会陡然增大。

"这样一来，非把骨架增强不可。"奥维尔喃喃自语道。

"可是骨架增强的话，重量也会增加的，我们必须要轻一点，再轻一点，不然根本就飞不起来。"威尔伯提醒说。

在他们的专心研究和精确计算下，一架机翼长为 12 米、宽 2 米、面积 47 平方米的新型动力飞机制成了。机身总重量是 340 千克。

其中，他们制造的汽油发动机是一种水冷式的四汽缸发动机，活塞来回转动 1090 周，就能产生 12 个马力的动力。

光是发动机就有 81 千克重，再加上螺旋桨和传导装置以及其他的东西，总重量为 109 千克。要是按照一马力是 9 千克计算的话，那么这台发动机，可以说是当时世界上最轻的汽油发动机了。

尽管如此，整个机身总重量 340 千克也还是比预订计划重量 300 千克多出了 40 千克。

"不过，没关系，我们的发动机马力足够能带动飞机升高飞翔。"

莱特兄弟非常有信心，他们相信自己亲手制造的这架新型飞机能够创造一个新的历史。

没过多久，蓝格利博士第二次试飞失败的消息传来，这位以一生精力倾注于航空飞行的科学家不久之后便在伤心失望中与世长辞了。莱特兄弟听说后，心中又泛起了一阵慨叹和哀痛。

接下来是螺旋桨的问题了。

奥维尔迫不及待地说："咱们赶紧来做螺旋桨吧！"

"我看，螺旋桨应该既坚固又能减少摩擦力才行，我们快开始吧！"威尔伯对此也有了想法。

莱特兄弟经过不断比较、选择，决定以一种质地坚硬、木纹整齐的木料为材料来制作螺旋桨，然后将螺旋桨安装在飞机的发动机左右两侧，使其做反方向转动。

莱特兄弟还应用了制造自行车的技术，装设了金属链条及齿轮，使螺旋桨能够以 350 次/分的速度转动。

在风洞的试验中，他们得知了螺旋桨越长，那么它的推动力就会随之增大的道理。

"再过一段时间就又要到冬天了。"

"我们必须要加快速度了，一定要赶在冬天之前把飞机造好。"

莱特兄弟俩不敢有丝毫的怠慢，每天都在拼命地工作。

另外，威尔伯还想出了一种扇形板，当它承受风力时，就会自动地绕紧发条转动指针，以此来在刻度上显示速度，这就是速度计。

奥维尔也设计了一个计时表，这个表能自动地在飞行过程中记录下飞行的时间。

终于，他们呕心沥血自制的动力飞机完成了！莱特兄弟迫不及待地想要回到那个他们度过 3 年岁月的基蒂霍克，距离上次离开已经整整一年半了！

成功飞行 59 秒

1903 年 12 月 12 日。

一切都已经准备妥当，莱特兄弟把飞机拆下，先用船只运抵基蒂霍克，随后，又把自行车店里的事安排好，便乘火车前往基蒂霍克。

基蒂霍克的气象局长杜斯先生和邮政局长已经跟莱特兄弟处得很熟，莱特兄弟每次飞行试验时，都要请他们帮忙，向他们咨询。

这两个人也非常热心地支持莱特兄弟的飞行试验，提供了不少的帮助。

这时已是冬天，基蒂霍克的海风风力特别强大，莱特兄弟为新飞机建造的棚架，几度被海风摧毁，但是兄弟二人冒着极其寒冷的海风全力抢修，不畏艰辛的精神让人非常感动。

好心的邮政局长塔特先生，对他们善意地劝道："在这里，冬天有时下雪，有时下雨，风势又如此强大，你们何不等到明年春暖花开的季节再来进行试验呢？"

"谢谢您，塔特先生！我们这次进行的飞行试验，就是想在不同的气候条件下试飞，以便获得实践经验，也是对我们自己设计制造的新型飞机一个考验的机会。"威尔伯心怀感激地向塔特先生进行解释。

12 月 14 日，天气晴朗，风势也不是太大，莱特兄弟决定今天开始试飞，飞机就停在沙滩上预先铺设的木轨上，木轨的外面包有铁皮，以便于滑行。

威尔伯首先登上飞机，俯伏在下层机翼的中央，手握升降器的操纵杆，心脏剧烈地跳动。

发动机发出轰响，飞机猛地向前冲去，由于冲得太快，围观者的喝彩声还刚刚喊出，他们就又马上惊讶地叫了起来。原来，飞机本应是冲向天空的，但却突然间冲向了地面，威尔伯在慌忙中曾试图以陡直的角度使机身上升，便又把操纵杆按低，因而，飞机在前行了100多米后，一头栽了下来。

幸好这里是一望无际的松软的沙滩，飞机只是机翼撞坏了一部分，威尔伯也没有受伤，这与其他飞行探索者比起来已是不幸中的万幸了。

经过两天的修理后，飞机又可以试飞了。

"奥维尔，请帖是不是都已经发出去了？"

"是的，哥哥，发出了50张，主要是住在这里附近的一些已经熟悉的人，还有代顿的朋友。"

"不知他们能来吗？这可是人类首次利用发动机的马力来飞行的呀！"

"是呀！这次的飞行如果成功的话，他们可是亲眼见证了历史啊！"

16日的整个夜晚，强烈的海风从东北方向吹来，小屋前的积水，已结成了坚硬的冰块。

17日那天，天阴沉沉的。

到了预定的飞行时间了，可是有兴趣来参观的也只有小渔村几个熟悉的人和一些对飞行感兴趣的朋友。其实试想一下也能理解，在那种严寒的季节里，在如此偏僻的一个小渔村，也只会有少数人来观看他们的试飞情况。

威尔伯看了一下，只有5个人来观看试飞。他心中略感欣慰，毕竟还是有人来观看了，这也说明还是有人支持他们的。

这次换成是奥维尔试飞，威尔伯用自己制作的风速计一测，风速为9.7米/秒，他对要驾机飞行的弟弟说道："你一定要吸取我的教训，在起飞的时候，不可向上爬升得太快，记住了，万万不可以再犯那天的错误了。"

"知道了，哥哥。"

"那么，我亲爱的弟弟，我祝你好运。"

螺旋桨开始转动起来，发动机的隆隆声音，奥维尔双手握住升降器的操纵舵，飞机将要升空了，他心中思潮翻滚。

"我能飞上天空吗？能行吗？"

就在这一刻，奥维尔心中又涌现一个坚定的声音说道："能行，你一定能行。这么多年不是一直想要飞吗？现在就是机会，你一定能飞上天的。"

于是，奥维尔精神抖擞地向按着机翼的哥哥发出了起飞的信号。

塔上的坠子马上落下来，牵动了绳子，飞机随即被猛烈地向前拉去。这次，他们在轨道上放了一架小小的台车，然后用绳子把它吊在木制的塔上。他们把飞机放在台车上，接着把在塔上的坠子迅速地放下，这样就大大增加了飞机离地起飞的起始速度。

奥维尔赶紧拉了一下升降舵。

开足了马力的发动机，使螺旋桨有了极大的动力。飞机便迎着大风，冉冉地升上了天空。

面前的升降舵操纵起来十分不方便，飞机的机头随着舵的移动，忽然昂了起来，不久之后又低了下去，不过即便是这样，飞机仍然在顽强地飞行着。

"飞起来了！飞起来了！"

威尔伯和观看的朋友望着天空中翱翔的飞机，激动得热泪盈眶。

莱特兄弟·时代的飞行

奥维尔连续飞行了 12 秒钟，然后安全地降落了。

威尔伯飞奔到机身，与走下飞机的奥维尔紧紧拥抱在一起。

"好极了！奥维尔。飞得不错！就是有些不太平稳。"

"嗯，这和咱们滑翔时舵的移动不一样，大风虽然使飞行有些困难，但也使降落时较为缓慢而安全，这实在是非常宝贵的经验呀！"

"咱们可以再把升降舵调整一下。"

"哥哥，先不用着急。现在趁风还没有变化，再多作几次飞行吧！"

莱特兄弟俩心底充满了喜悦。虽然只有短短几秒钟，但是，这却是他们第一次真正不依靠风力而飞向天空。

他们计算了一下，飞机的秒速是 15.6 米。

第二次的试飞由威尔伯进行，他登上飞机，熟练地发动机器，飞机顺利起飞了，在空中逗留了十二三秒。

快到中午时，由威尔伯做第四次的试飞。由于这次操纵更为熟练得法，飞行得极为平稳，一共飞行了 59 秒，247 米的距离。

这是划时代的 59 秒！

这是开辟时代意义的 59 秒！

这是人类第一次真正使用动力装置征服蓝天的历史见证！

见证了这次历史性飞行的人一共是 5 个，他们是约翰·达尼尔、埃斯·多、埃·埃萨利芝，还有一个 16 岁的少年约翰·华特，以及经营木材店的老板布材克莱。

前面 3 个人是从沿海警备所来的，他们是为了莱特兄弟万一摔下时，可给予救援而赶来的。

就在人们高高兴兴说话的时候，突然一阵狂风吹来，把飞机吹了一个大翻身，把飞机的翼、机身和螺旋桨都压得有些变形。虽然经过兄弟二人的奋力抢救、修理，但是由于飞机摔跌得过重，却也无法再进行试飞了。

看到自己多年心血的结晶却这样毁于一旦，莱特兄弟心中极为难过。但是，这次飞行的成功，让兄弟两人还是极为欣慰。毕竟，这并非是任何代价都可以换得的，何况飞机坏了，还可以修理，还可以重新制造呢！

"走吧！咱们去邮局，把我们试飞成功的消息告诉爸爸。"

威尔伯和奥维尔借了一辆自行车，赶到邻镇的一家电信局。

"我要打一份紧急电报。"

威尔伯相信，即便是全世界没有人会相信他们飞行成功，但是至少收到这份电报的人会相信的。

亲爱的爸爸：

星期四的上午，我们借汽油发动机的马力，在风速为9.7米/秒的情况下，连续飞行4次，平均飞行时速50千米，最长飞行时间57秒。圣诞节前我们回去。

"啊！不对，怎么是57秒，应该是59秒才对。"威尔伯刚刚拍完电报，突然感觉到时间拍错了。

"没关系，哥哥。重要的是，咱们成功了。"

是的，这两秒的差别并不重要，重要的是，一条现代航空之路已经由他们兄弟二人首次开辟出来了。

正是这划时代的59秒的飞行，在后来改变了整个地球人类的生活、政治、军事、经济、交通，别说是他们兄弟俩，恐怕当时谁也想象不到飞机在后来会有这么巨大的发展吧！

难以置信的人们

任何一个时代的英雄往往都因为超越于当前时代的发展，而不被当时的时代所理解和接受。莱特兄弟也是这样。

我们今天很难想象这对改变了人类整个生活面貌的英雄，在当时受到了怎样的冷遇，但是我们从当时社会的反应能够猜测出，莱特兄弟的心是孤寂的。

当密尔顿知道自己的儿子飞行成功的消息时，曾兴奋地通知当地的报社，然而报社并不相信这件事情。

莱特兄弟回到代顿市后，也曾向人提起这件事情，可是大家都一笑了之，没有人愿意相信这件事情。

这也难怪。当初蓝格利博士这么一位大名鼎鼎的科学家，接受了政府的5万美元的巨额研究资助，聘请了不少第一流的人才，结果都失败了。

而莱特兄弟，却是两个自行车工匠，没有堂皇的学历，没有高高的声望，仅凭自己的头脑和灵巧的双手，以及开设自行车行而挣得的微薄的收入，来从事这种高风险、耗资巨大的，而又无望的飞行事业，现在居然一举成功了，怎么可能会有人相信呢？

有这种想法的人，还算是有常识的人，这倒也无可非议。

但是令莱特兄弟感到特别气愤难过的是，有一些尖酸刻薄的人，极尽讽刺嘲笑之能事，说莱特兄弟是神经不正常的人、是说谎者、大骗子等，有些人竟也信以为真，到处传播着，让这两位飞行英雄非常心痛。

"孩子，别气馁，不管外人怎么说，爸爸始终相信你们。爸爸相信你们一定能够用事实让这些无知的人乖乖闭上嘴巴的。"

父亲密尔顿和妹妹凯特经常对兄弟俩竭力鼓励、安慰，而兄弟俩早已接受了夏纽特先生的忠告，要以发展飞行事业为己任，立志为人类开辟一条航空道路。所以，外界人们的这些风言风语，他们也并不十分介意。

过去，他们的父亲密尔顿·莱特基于安全方面的考虑，也曾反对他们兄弟二人从事这种带有极大风险而又毫无把握的事业。

后来他渐渐地发现兄弟二人对这方面的热爱痴迷异于常人，也就不再忍心过分地阻挠他们进行飞行试验。

如今见到他们俩已经取得了明显的成就，也就由过去的反对、默许变为鼓励和支持了。

在父亲和妹妹等人的支持下，莱特兄弟决定再制造一架飞机，用事实去擦亮人们被蒙蔽的眼睛，回击那些不怀好意的流言蜚语。

1904年春天，莱特兄弟就开始忙于制造这架飞机了。

这架新机，机翼比以前的飞机加长了一些，机上装有一个17马力的汽油发动机，机身总重量是400千克，为了承受如此重量的机身，他们为着陆时用的滑橇部分进行了加固，这样一来，飞机在着陆时就会更为平衡稳定了。

到了夏末秋初的时候。这架新机也终于制成了。

"嘿！哥哥，这架飞机真的不错呀！"

"是呀！比我们以前的飞机好多了。"

莱特兄弟俩心中充满了无限的希望和喜悦。

父亲密尔顿专门抽空来看这架新机，他不住地点头赞许，说："真不错呀！过去，你们的飞机是用来做试验的，只是在滑翔机上加装了一部发动机罢了，现在的才真正像是一架飞机呀！"

听到父亲的夸奖，兄弟俩心中感到非常温暖，奥维尔谦虚地说："爸爸，我们如同还是刚刚开始练习起飞的小鹰，关于飞行方面，知道的还是不多。不过，我们一定要努力改进飞机的性能与结构，让人们有一天能像雄鹰一样可以在天空自由地飞翔。"

奥维尔的话充满了信心与自豪，威尔伯肯定地点了点头。

"对，孩子们，努力吧！祝你们飞行成功，你们准备哪一天起程呢？"

"爸爸，这次，我们不用去基蒂霍克了。"

"为什么呢？"

"这架飞机是经过我们技术改良的，只要有一块广阔的平地就可以顺利地起飞，不必再跑到很远的基蒂霍克沙滩去了。"

"原来如此。"父亲又一次惊讶了。

"爸爸，你要有时间，也一块去现场看我们的飞行吧！"威尔伯诚恳地说道。

"好，我一定去，顺便把你们的妹妹凯特也带上。"密尔顿非常爽快地答应了。

莱特兄弟俩到代顿市郊去选择试飞场地，他们看中了一处牧场，辽阔的草原，全无障碍，是个极为理想的飞行场地。

场主是当地的一个银行家，听说莱特兄弟要在这里试飞，他慷慨地愿意无条件让他们使用。这样，各项工作都准备就绪了。

取得飞机专利权

9月的某一天，莱特兄弟俩决定正式试飞，他们事先向报社、当地名流及有关方面发出了请柬，但是，前来参观的人，依旧不是很多。

试飞的那天，天空格外晴朗，白云朵朵悠闲地飘来飘去。父亲密尔顿和妹妹一大早就赶到了这里，夹在人群中，密切关注着即将起飞的飞机。

威尔伯爬上飞机，发动汽油机，螺旋桨也随着它的带动而猛烈旋转起来，飞机向前滑行了一段距离后，就渐渐地飞了起来。

"啊！飞起来了！真的飞起来了！"

"天啊！是真的，不是谣言，莱特兄弟真的飞上天空了。"

人群中立即响起了掌声和欢呼声。密尔顿主教抬头仰望自己的儿子正驾驶飞机从头顶上飞行而过，两行热泪，夺眶而出，妹妹凯特也跟着喜极而泣。

凯特心中涌出了无限的感想，一向被视为怪人的哥哥，平时在自行车行里干活工作得满身油垢，不贪玩，不好吃，全副精力都专注于搞机器制造，周围的人们更是对他们搞的飞行试验说三道四，认为是不务正业，而现在两个哥哥居然有了如此了不起的成就，竟然真的成功地飞上了蓝天。这下子他们应该无话可说了吧！

密尔顿眼中噙着泪水，向天祈祷："苏珊！你看到了吗？我们的孩子飞到天上去了。你在天有灵，也应该安息了吧！"

虽然这一次飞行有许多人亲眼目睹，那些往日的恶意谣言也不攻自破了，但是当地的报纸仍然不愿意详细转载他们的飞行成就，只是不冷不热地叙述了一下。

对此，莱特兄弟并不在意，他俩继续进行飞行试验，以求进一步改进飞机的性能。他们在牧场上经常做飞行练习。

有一次，威尔伯对弟弟说："奥维尔，我们一向都是沿着直线往前飞，今天我们来做一次圆形的飞行怎么样？"

"好！我也这样想过，在实际飞行中不能总是用直线飞行的。咱们就试一试吧！"

这天的风势不强，适合起飞。

奥维尔立刻登上飞机，发动了飞机上的汽油机，飞机立即飞了起来。当飞机飞行平稳时，他便开始试验圆形飞行。他手握操纵杆，使机身左转时，机翼就倾斜得非常厉害，几乎失去了平衡，一时十分危急，他又试着往右转，也出现了同样的情况。

奥维尔下机之后，对威尔伯说："前几次飞行试验中，升降器的操纵杆，咱们运用起来可以说是得心应手，操纵自如了，可是，为什么现在在大转弯的时候，机身会倾斜得那么严重，几乎要发生危险呢？"

威尔伯想了想说："我想这种情况应该和自行车一样。你有没有发现，当我们骑自行车急转弯时，总是把身体倾向相反的一边，以保持平衡？这就是离心力的关系。在飞行中，需要转弯的时候，也必须同时使用方向舵和曲折翼，这样，再同时把机头下倾，便可以来抵消一部分离心力了。"

"好吧！我再试试看。"

当奥维尔再次试飞时，在哥哥理论指导下，果然，飞行转弯时不再那么严重倾斜了，较为平稳地飞了起来。但是，这时却出现了另外一种情况，虽然转得较为理想，可是，飞行高度却也随之往下降了。

"为什么转弯的时候，高度会下降呢？"

下机后的奥维尔，脑海中又充满了许多疑问。

"让我来试试看。"

哥哥威尔伯上机试飞后也得到同样的情况。

经过一番仔细的研究，威尔伯好不容易找到了答案："奥维尔，我知道了，那是因为在做圆形飞行的时候，机身要倾斜，这样机翼所受的浮力就比非直线飞行时减少了，所以飞机就往下降。"

奥维尔听了哥哥的话后，就决心做试验来印证一下这种说法是否正确。

飞机开始转弯的时候，奥维尔稍稍拉了一下升降舵，于是，这架开足马力的飞机，果然呈一曲线在空中飞行起来了。

飞机平稳着陆后，奥维尔高兴地说："哥哥，你的想法是正确的。"

"原来要点在这里。"威尔伯再次试飞的时候敏锐地察觉到了掌握方向的关键。

威尔伯回到店里按自己的体重做好了一个铁球，然后把这个铁球绑在了自己的身上，进行试验。

奥维尔奇怪地问道："你拿这个做什么？"

威尔伯笑着回答："如果加上这个东西后也可以飞行的话，那么，以后我们两个人就可以一起进行飞行了。"

威尔伯带着这个沉甸甸的铁球进行试飞。飞机起飞以后，就和一个人乘坐时的情形完全一样。飞机在空中成功地绕了两个大圆圈，连续飞了有5分钟之多后才着陆。

这个结果让他们兄弟二人信心倍增。

这个飞行试验结束后，他们就马上向专利局提出申请。正确地移动机翼，可使机身保持平稳，和升降舵、操纵杆的正确使用方法，辅助翼的应用方法等，都是莱特兄弟俩多年来呕心沥血、不断试验所得的新发明和发现。

结果，他们获得了日夜企求的30年专利权。可是，他们万万没想到的是，为了维护这个专利权，还不知道要耗去多少心血呢！

遭遇前所未有的困难

第二年的秋天，兄弟两人的驾驶技术更加纯熟了，当他们又进行飞行试验时，在空中逗留的时间，也由过去的十几分钟发展到现在的将近一个小时。飞行的距离，也由 20 多千米达到 30 多千米。

一些路过牧场的人，都好奇地驻足观赏，认为这是一个了不起的成就。但是也有一些人，仍然把莱特兄弟制作的飞机视为小孩子玩的奇异风筝而已，顶多也不过是雕虫小技。

曾经有一位对飞行比较感兴趣的人士，走进牧场向威尔伯请教说："请问莱特先生，飞机何以能浮在空中向前飞而掉不下来呢？"

"它靠的是飞行速度。"威尔伯说。

"飞行速度？这是什么意思？"

"就是说，它飞得太快了，以至于不会跌落下来。"

"可我还是不明白为什么。"

"好，我打个比方吧！比如，你把一块很重的石头，在结了薄冰的河面上抛滑过去，即使很薄的冰，也不会被压破，但是如果把那块重重的大石头静止不动地放在冰冻的河面上，即使那个部分的冰再厚一点。也会承受不住大石头的重量而被压碎，冰被压碎，石头就立刻下沉。"

"哦！我有点明白了。"

莱特兄弟过去有一点积蓄，加上经营自行车店所赚来的钱，全部都用在飞机的研究、制造和飞行试验上了，积攒的钱现已基本用完了，而以后的飞行研究更是需要钱来支撑，他俩感到有些捉襟见肘了。

莱特兄弟和父亲、妹妹一起商议过，他们决定请求政府来资助，理由是，政府曾经支持过蓝格利博士进行飞行试验研究，而现在，他们的飞行试验已取得了初步成功，政府正应该资助他们来把这项研究继续下去。

　　威尔伯就和弟弟着手写了一份声情并茂、言辞诚挚恳切的申请书，寄给了华盛顿政府当局。可是，寄到华盛顿的申请书，如石沉大海，杳无音信。

　　而他们的经济状况，也日见窘迫，几乎到了难以为继的地步了。他们的父亲密尔顿便托人去向政府当局探询。

　　没过多久，政府的答复总算下来了。政府的回复是飞机的研究尚在萌芽时期，未来的进展如何，殊无把握，以蓝格利博士的学识、经验，尚且一再失败。因此，政府不愿意在这方面再白费资金。所以，申请难以照准。

　　莱特兄弟特别难过。威尔伯想了很久，对奥维尔说："政府不支持我们，肯定是政府不相信咱们的飞行成功的事，要是他们看到了咱们的飞行，一定会支持的。我们去请求政府派人来看看我们的飞行好不好？"

　　于是，威尔伯来到了当初曾坚定支持蓝格利博士做飞行研究的美国陆军部。他带去了一些飞机的蓝图专利证书和几张飞行照片。

　　达毕斯上校一本正经地说道："你们就是代顿市那两个古怪的兄弟吗？我听说过你们，不知道你们今天来找我有何贵干？"

　　奥维尔兴致匆匆地说明了自己的来意，并介绍了自己多年的飞行试验研究，并说："上校先生，我想飞机在空中不易受到干扰，对于观察敌情、搜集军事情报，有很大的帮助，相信陆军当局一定会感兴趣的。"

　　"莱特先生，我们很早以前就见识过这东西了。这是哄小孩玩的玩具，是难以有实用价值的。"

"可我们的飞机是真正在天空做很长时间飞行的。"

"那也只是哄小孩的玩意，不能用作军事用途。"达毕斯对威尔伯的照片等物品，不屑一顾，以一副无所谓的语气说着。

达毕斯的话，对威尔伯来说，无异于是当头一棒。

"可是，陆军部对蓝格利博士的发明，不是也进行过资助吗？"威尔伯不解地问道。

"哈！哈！军部的确曾资助过蓝格利博士，但是他彻底的失败，早就让军部失望了，我们对飞行试验不再感兴趣了，补助费早已经终止了。"

威尔伯碰了一鼻子灰，他怅惘地回到了家里。

"怎么样了？哥哥。"奥维尔满脸期待地问道。

"哎。事情糟糕透了！"威尔伯失望地说。

"我向银行家请求援助的时候，也是一样的情况。"奥维尔有气无力地说着。

"还有更糟糕的事情呢！现在就连报纸也都不肯发表有关我们飞行的消息了。"

莱特兄弟的飞行研究遇到了前所未有的困难。

来自法国的邀请

虽然遭到接二连三的打击，莱特兄弟两人并不气馁，仍对未来的航空事业充满了信心与希望。

有一天，威尔伯一脸沉重的表情，对奥维尔说："奥维尔，全世界除了我们俩之外，还是有很多人在做飞行试验，但是试飞成功的就只有我们两个呢！"

"是呀！我们并不寂寞呀！还有许多有志者与我们同行。但是，也真让人难过，有那么多的人看不起我们，认为我们不务正业、神经病。"

"我们要努力研制出更好的飞机，创造出更好的成绩来向世人证明飞行的意义与价值，唤醒世人对航空的注意。"

虽然目前莱特兄弟遇到了许多困难，但是，他们斗志依然不改。

他们马上又把二号机加以改装，重新进行了试飞，并且不断地刷新他们的飞行纪录，从18分钟、19分钟到30分钟、一个小时，莱特兄弟依旧在努力拼搏着。

两年之后，终于有银行家表示愿意出资协助他们的研究，但是莱特兄弟却十分慎重，他们认为这些银行家都是吸血鬼，只是想要利用专利权好好地捞一笔罢了。

"飞机事业的重要意义在于造福全人类，如果政府不愿意资助我们的话，我们也不会接受个人资本来进行这项事业。"

莱特兄弟委婉地拒绝了银行家的好意，打算用自己的力量来制造飞机。而实际上那个时候他们一家的生活已经相当拮据。

正在这个最为艰难的时候，莱特兄弟收到了一封颇为沉重的信件。

"啊！是法布尔先生寄来的。"

威尔伯连忙打开了信封。

法布尔先生是法国陆军炮兵上尉，也是陆军汽球队的委员，目前在士官学校担任教官。他特别喜爱飞行事业，当年李莲塔尔做滑翔机试验时，他就非常向往。

1904年，当他又听到莱特兄弟驾驶动力飞机飞行成功的消息时心中更是激动不已，非常钦佩这两位兄弟的探索精神，便经常写信给莱特兄弟，切磋有关飞行上的一些技术问题，并极力鼓励让他们取得更大成绩。

这次，他又给莱特兄弟来了信。信中写道：

亲爱的威尔伯·莱特和奥维尔·莱特先生：

你们好！听说你们试飞成功了，这真是一件令人高兴的事情。你们又制造了一架新的飞机进行飞行试验，我对你们这种不懈探索追求的精神钦佩不已。

我现在已向法国陆军部长提出报告，促请政府以50万美元的价格，来收买莱特大复翼机的制造权。

因此，希望你们兄弟两人能到法国一游，实地做飞行表演，以展现飞机的性能。我想，法国政府在观看你们的飞行表演后，一定会非常乐意收购你们的飞机的。

另外，我也对两位先生仰慕已久，非常想见上一面，好好向二位请教一下飞行方面的问题。

奥维尔在哥哥读完信后，兴奋地说："哥哥，这可是一个好机会呀！我们去吧！"

威尔伯对这封邀请信，也是欣喜不已，自己和弟弟多年来的心血结晶，终于获得肯定了。唯一可惜的是，邀请自己做飞行表演的并不是自己的国家，而是来自海外的法国。

历史有时就是这样发展，让人欢欣也让人难过。莱特兄弟在动力飞机试飞成功后的困境，终于可以打破了。

这时，欧洲各国都在积极地发展航空事业。德国、法国政府都斥资支持研究飞机。美国陆军部有鉴于国内飞行知识的提高，国外对飞机研究的热衷，改变了认识，认为这是潮流所趋，于是在 1907 年 12 月 23 日正式公布了征购飞机的条件。

1. 飞机不得是以空气浮力为动力，而是必须使用汽油发动机为动力的。

2. 可乘坐两人，机身总重量 158 千克，此外必须储满足够飞行约 200 千米的燃料。

3. 飞行速度应在每小时 60 多千米，飞行时间在一小时以上，至少也要在 50 多千米才算合格。

4. 机体必须是短时间内容易拆卸、搬运的，而且必须是能在一小时内重新可予以装配而加以使用的。

5. 驾驶方法要尽量简单容易，起飞和降落的装置必须坚固安全。

此外，对价格、制造日数、试验的方法等也都一一加以规定，并且决定在 1908 年 8 月以后举行试飞。

莱特兄弟自信他们的飞机，绝不比法国或德国的产品差。

威尔伯准备让弟弟留在国内，以便参加美国陆军部的飞行比赛，自己则单身前往法国，做首次公开的表演。

震惊欧洲的飞行表演

1908 年 6 月 1 日，威尔伯抵达巴黎。

天性浪漫的巴黎人在迎接威尔伯时，认为他一定会像机敏的魔术师那样，摘下帽子，微笑向众人致意呢！

可是，他们看到从车上走出来的是一个衣着随便、朴实无华的中年人，头戴一顶便帽，高高瘦瘦的身材，表情有些严肃、呆板，很像个学者似的，大家不免对他有点儿失望。

在迎接他的人当中，有一个是法国航空研究学会的秘书，他在路上以夸张的语言说："我们法国的飞机也能飞行了。请问莱特先生你们美国有没有飞行协会这样的组织？"

威尔伯有点不高兴，但还是礼貌地回答说："美国飞机研究有一些组织，但是还没有正式的飞行协会。"

"哦！这样说来，我们法国比美国还先进得多。"

"那也很难说，你们等着看吧！"威尔伯听了那人的话，有些不痛快地说。

其实，那个人所说的法国飞机飞上天空的话，也并不全是胡诌的。

1906 年 9 月 12 日，丹麦的爱冷哈玛自制的一架单翼机，离地飞行了 42 米。

1906 年 9 月 13 日，在法国研究飞行船的巴西人圣托斯鸠蒙，也从箱型风筝试验中得到启示，做了一架复翼机，飞了近百米。

此外，这次促请威尔伯来法国的法布尔，也因不满法国陆军部的游移不定的态度，而辞去军队职务，在全国各地作巡回演说。

法国南部的波尔汽车灯制造业主路易·普莱利奥，也造了一架与众不同的动力单翼机，在 7 月的时候，飞行了 5 分 47 秒，6.4 千米。

了解到法国飞行的一些情况，威尔伯在心中暗下决心："我一定要做好这次飞行表演，让他们见识一下先进的飞机及飞行技术，让他们心悦诚服。"

威尔伯选定了距巴黎百余里的罗·蒙里作为飞行表演场地。在那里，修建了一个飞机库，开始着手装配机体。新飞机有 30 马力，驾驶人不是趴着而是坐在飞机上。

1908 年 9 月 22 日，公开飞行表演的日子来到了。

飞机场地挤满了观众，前来参观的绅士、淑女络绎不绝，一时冠盖云集。

威尔伯身穿一套普通的工作服，头戴便帽，微笑着向观众致意后，就爬上机身，场地上的观众都屏住了呼吸，注视将要起飞的飞机，嘈杂的飞机场立即变得寂静无声。

过了一会儿，忽然隆隆的飞机发动机声响了起来，螺旋桨也飞快地旋转了起来。飞机缓缓地滑向前去，不一会儿，就悠悠地升上了天空。

四周顿时传来热烈的欢呼声。

雪白的飞机，穿梭在蓝天白云里，像是长了翅膀的雄鹰，翱翔于空中。

"太妙了！你看飞得多美！"

"他确实不是吹牛的人！"

"真了不起！"

"我也好想上去飞一飞呀！"

人潮中发出了一阵阵的赞美声。

当飞机着陆时，计时器上显示的时间是 1 小时 31 分 20 秒，创下了空前的纪录。

人们一拥而上，纷纷和这位飞行英雄拥抱、握手，并向他表示祝贺。

法国的报纸立即以显著的位置、巨大的篇幅对威尔伯·莱特飞行成功进行报道。社会名流也争相邀请他参加宴会，使他有些应接不暇。他在和那些名流交谈时，总是态度诚挚，不卑不亢，要是别人向他请教飞行的问题，他总是不厌其烦地予以解答，直到对方满意为止。

他那种谦虚、朴实的气质，给人留下了极其深刻的印象，这位在美国不被重视的威尔伯，赢得了法国人的普遍好感，受到了人们隆重的礼遇。

但是，威尔伯并没有因一举成名而冲昏了头脑，没有终日忙于觥筹交错之中，而是尽量地推掉了一些不必要的应酬，将时间用于飞行技术研究和飞机设备的改进上。

在以后的几次飞行中，他表现得更为优异，不仅可以在空中绕圈子，而且还能作多种花样飞行，使观众看得目瞪口呆、惊诧不已。民间也乘机推出了威尔伯的肖像和飞行图片，在巴黎风行一时，人们争相购买，留作纪念。

奥维尔双人飞行失事

　　正当威尔伯在法国的声誉如日中天时，却从家乡传来了一个不幸的消息，几乎使他精神濒临崩溃。

　　这天一大早，威尔伯正准备出门，侍者突然急匆匆送来一份美国拍来的电报：

　　　　奥维尔哥哥飞行失事受伤，同来者当场死亡。

　　　　　　　　　　　　　　　　　　　　　　　　妹　凯特

　　威尔伯看完电报后，双手颤抖得半天说不出话来。那么奥维尔飞机失事，是怎么回事呢？

　　原来是这样的，当威尔伯在法国做飞行表演时，奥维尔留在了国内，他根据美国陆军部征购飞机的条件，把"莱特号"予以改良，经过进一步改良的新机，和威尔伯在法国的那架一样具有 30 马力和两个座位。

　　当时有个叫作卡提斯的青年，比奥维尔还要小 10 岁，据说飞行成绩很不错，很有可能是奥维尔的主要竞争对手。卡提斯曾经参加过一个飞行协会，成为该协会的会员。那个协会是爱迪生和贝尔等人发起成立的，卡提斯就是利用该协会的一架飞机，经常进行飞行练习。

　　1908 年 9 月 11 日，到了政府指定试飞的日子。

　　一大早，观众席上坐满了政府的官员们，有的穿着制服，有的戴着大礼帽。大家都在观看着参赛的不同类型的飞机。场外也挤满了观众，到处是人山人海。总统罗斯福也亲自到场了。

　　乐队奏起了美国国歌，全场的人庄严地肃立致敬，国歌演奏停止之后，飞行表演开始。

　　奥维尔上场了，他穿好衣服，戴上帽子，当他准备好以后，向工作人员做出了起飞的手势。于是他发动了发动机，螺旋桨开始旋转，飞机在一阵欢笑声和鼓掌声中平稳地起飞了。

　　飞机越过了树梢，一直往上飞，显得十分轻巧。机身在太阳光的照射下非常的美丽。飞机在空中一圈一圈地回旋着，观众们抬头看得都很累了。但是大家还是十分耐心地看着。终于笛声响了，士兵挥动着旗帜示意，规定的时间到了。然而飞机依然还在天上飞着。最后，飞机渐渐地降了下来，平稳地着陆了。奥维尔创下的纪录是 1 小时 10 分 50 秒，打破了过去所有人的纪录。

　　观众们一拥而上，大家激动地将奥维尔拥在中央，都为他叫好："奥维尔先生，飞得太好了！"

　　"恭贺您成功，您太伟大了！"

　　接下来的几天，是载人飞行的表演。这时一位名叫托马斯·塞弗里奇的陆军中尉走过来说："莱特先生，您的飞行太棒了，我愿意坐您的飞机看看天上的风光。"

　　奥维尔问他："您以前坐过飞机吗？"

　　"没有，不过我坐过好多次飞艇。"

　　"那就行，请上来吧！"奥维尔说完请这位中尉上了他的飞机。

　　飞机开始飞行了。刚离开地面时，摇摇晃晃，显得十分吃力。不一会儿，就平稳下来。当时正好是秋天的下午，太阳快下山了，余晖照着大地，微风轻轻拂过，景色格外迷人。

　　奥维尔和往常一样熟练地驾着"莱特号"顺利地起飞，和他一个人飞行时一样平稳顺利，周围观看的人们齐声喝彩。

　　飞机在空中作了一个漂亮的回旋，正准备作第二个回旋时，机身突然倾斜得极为严重，不一会儿，失去了平衡，发动机也停止了，机身急速下坠，瞬间，"轰"的一声巨响，整个机身坠落在地面上了。

"啊！出事了！"观众们惊呼起来。

救护人员立刻抬着担架，冲向飞机跟前进行抢救。当他们到达机身时，只见草地上已是一片鲜红的血迹，躺在驾驶座上的两人已经不能动弹，昏迷了过去。

在送往医院的途中，奥维尔苏醒了过来，但不住地呻吟着，然而塞弗里奇却因流血过多而气绝身亡了。这位热爱飞行的勇士，为人类征服天空而奉献出了宝贵的生命。

现在，美国的最大航空基地之一塞弗里奇机场，就是为了纪念这位勇士而命名的。

奥维尔经过医生的及时抢救总算保住了生命。后经诊断认为，没有生命危险，只是腿骨骨折。

妹妹凯特和父亲密尔顿在日夜守护着他，同时凯特给哥哥威尔伯发出了一封电报，告知了奥维尔失事的情况，希望哥哥威尔伯能够多多注意安全。

收到妹妹电报的威尔伯，在悲伤过后，陷入了沉思。

回想起当年的李莲塔尔等人，这些为理想而立志开拓人类航空之路的先辈们，都一一牺牲了，难道这是不可避免的命运？像这样的失事，那还有谁愿意再做这种不安全的两人同乘飞行试验？

飞机将被世人视为一种危险的吃人怪物，人们将废弃它，这将大大阻碍飞机事业的发展，那样的话，前辈们的牺牲，还有他们多年的心血，都将白费了。也不知道，弟弟现在的伤情到底怎么样了？

墙上的钟表，滴答滴答清晰地响着，时间一秒一秒地过去了，窗外夕阳的余晖已经透过窗帘斜射了过来。这是黄昏时分了。

威尔伯不饮不食，呆呆地坐着，愁肠百结。好友闻讯后，也纷纷前来探询、安慰，可全部无济于事。

就在这时候，侍者又送来一份电报，他也没用剪刀，直接用手撕开来看：

奥维尔哥哥折断腿，生命无虑，勿念！

妹　凯特

威尔伯看完电报后，喃喃自语道："哦！我可怜的弟弟，终于保住了一条命，谢天谢地！"

对于这次飞行中意外牺牲的塞弗里奇中尉，威尔伯感到无限的歉意，本想回国去看望弟弟，但是自己现在在法国有要务在身，有义务去完成任务，因此，他决定要以更好的飞行成绩，献给病榻上的弟弟。

第二天，他又振作精神，继续进行飞行表演。

法国飞行家也纷纷做了一连串的飞行试验。其中法尔曼飞了45千米，普莱利奥也做了33千米的野外飞行。不久，又传出法尔曼创下两人同乘飞行10分钟的新纪录。

威尔伯怎能甘在人后？

于是，他公开征求志愿者做同乘飞行试验的人，所以有许多人自告奋勇地参加。威尔伯就挑选了几个胆大心细的人，作为同乘试飞伙伴。

他与利言莱同乘飞行的纪录是55分37秒，又与巴莱同乘，与普莱利奥的弟子福斯，更创下了空前纪录，已经和弟弟奥维尔在国内创下的纪录并驾齐驱了。

荣获米修兰奖杯

威尔伯在巴黎创下了一系列的纪录，好友法布尔为威尔伯创下的辉煌纪录感到欣喜不已，便设宴庆祝一番。席间，法布尔鼓励威尔伯继续向下一个目标——米修兰奖杯进军。

威尔伯满怀信心地答道："没问题，看我的！我有信心可以获得米修兰奖，现在我也需要一笔钱，来解决一些问题。"

"我相信你一定会如愿成功的，来，我先预祝你成功，干杯。"法布尔微笑着说道。

米修兰奖是汽车轮胎发明人米修兰所设的，每年颁发一次，奖励给当年度飞行距离及时间保持最长的人，奖品除了一个大型金质奖杯外，还有2万法郎的奖金。

从法国人的立场来说，他们当然不希望这一荣誉落入外国人之手，一些法国飞行家也在拼命努力试飞，争取能够赶上威尔伯的纪录。但是威尔伯的纪录太高，他们只能心里干着急，却又无可奈何。

时间已是深冬季节，法国的冬天，晴朗的天气较少。而阴霾的日子居多，路上的行人都翻起了大衣领子，忙着迎接一年一度的圣诞节和新年的来临。

圣诞节一过，威尔伯就在做好了一切准备工作后，邀请负责评审的委员们到罗・蒙里来。

罗・蒙里场地上设有标明飞行距离的指示牌。按照规定，飞机必须沿着边长为700米的三角形，做来回的飞行。

虽然已是年关，但是飞机场四周却聚集了好几千名观众，大家都想看威尔伯的精彩表演。

当时，天气非常恶劣。北风凛冽，天气阴沉，评审委员们坐在场地的一角，个个缩着脖子，翻起大衣的衣领彼此交头接耳地谈论着："像这样的天气，能够飞行吗？"

"就是能飞上去，天气这样冷，人还不被冻僵了，还会操纵飞机吗？"

"不过，他那信心百倍挑战纪录的勇气，也令人钦佩呀！"

"说不定，这一届米修兰奖杯会被这个美国人拿走呢！"

虽然天气如此不尽如人意，飞行场地还是来了许多来观看的群众。

"不要紧吗？会不会有危险？要不取消这次的飞行吧？"

有的委员看天气不好，想劝他取消这次飞行。

但是威尔伯的信心和决心是这阴沉的天空、刺骨的寒风所动摇不了的。

他指着遥远的天边掠空而飞的海鸥说："你看，鸟儿不也还在飞吗？"

说完后，威尔伯便登上了驾驶座，向评审委员们挥了挥手，嘴角泛起了一丝微笑。

"轰隆隆"地发动机响了起来，随着一阵轰鸣声，飞机离地飞了起来。

评审委员们和参观的人们，目送着"莱特号"升高，纷纷在心中猜测着后面的飞行结果。

由于今天的风势极为强劲，飞机常被风吹得一会儿高一会儿低的，倾斜得较为厉害，人们暗暗地替他捏着一把汗。威尔伯不愧是飞行高手，

他渐渐地适应了气候，控制得适宜，飞得越来越平稳了，它不停地绕圈飞行。

评审委员们注视着计时器，计算着绕飞的圈数，每一圈是 2100 米，绕了 25 个圈，时间正好是一小时。

30 圈、40 圈、50 圈，时间已超过两个小时，威尔伯已经打破了自己的纪录，但是他仍然没有降落的意思。

委员们拿着计时器的手不断轮流着哈着热气取暖，两脚不断地踏着脚步。有人开玩笑地说："他这样一直在上面不下来，是不是打算飞到明年呢?"

51 圈、52 圈直到 56 圈时，发动机才熄了火，飞机缓缓地滑翔降落，场地里响起了一片雷鸣般的掌声。

评审委员会的主席大声宣布飞行结果，飞行时间是 2 小时 20 分 23 秒，飞行距离 117.5 千米。

威尔伯以最出色的成绩夺得米修兰奖杯的消息，迅速传遍了整个法国，在每一个人心中掀起了对航空飞行的热情。

不久，法国政府正式派遣官员来拜访威尔伯，讨论有关收买莱特飞机的专利权问题。

当初，莱特兄弟曾向美国政府提出购买专利权的条件是 50 万美元。所以，如果法国政府有意购买，也不能低于这个数。否则，就太对不起自己的祖国了。

可是，法国政府只愿出 50 万法郎，约合 25 万美元，威尔伯便一口拒绝了。

"不行，绝对不能低于 100 万法郎。"

他们又继续讨价还价，最后，政府增加到 80 万法郎，威尔伯还是没有答应。谈判始终无法圆满完成，法国政府只好作罢。

开办第一所飞行学校

听说法国政府意图收购威尔伯的飞机没有成功，威尔伯的好友法布尔表现出异常焦虑的神情。

为了促成这件事，法布尔到处奔走、斡旋，他想尽种种办法，但结果还是没有成功。

然而，这件事丝毫也没有损害他俩的友情。威尔伯对这位异国朋友的热情相帮，始终是满怀感激之情的。

巴黎附近的冬天，气候是比较严寒的，而且晴天也不多，特别不适合于飞行。

于是，威尔伯就把飞机拆卸了，随后他把飞机的零部件等都集中封装起来，运往了法国南部的波尔城。波尔城是法国著名的避寒胜地，也是法国青年们学习飞行的理想所在。

威尔伯就是怀着撒播热爱飞行种子的心愿而前往波尔的。

当时欧洲的青年，对于天空这个充满神奇的领域，没有一个不向往的。

所以，热爱飞行、向往蓝天的青年们开始争先恐后地、不断地涌向波尔城。

威尔伯很热心地指导着那些有志于飞行的青年人。他除了给青年们讲解飞行原理外，还经常带着他们进行实地操作，以便让他们从修理、维护、驾驶、控制中获取宝贵实践经验。

威尔伯诲人不倦的精神，很快就赢得了青年们的普遍尊敬。欧洲其他各地的许多青年人，也都慕名纷纷前来求教。

最后，一所由威尔伯·莱特领导的飞行学校应运而生了，这也是世界上成立最早的飞行学校。

威尔伯在法国不仅创造了多次飞行纪录，还在欧洲播下了热爱飞行的种子。

威尔伯所做的一切对后来航天事业的迅速发展做出了巨大的贡献。

波尔这个地方，在威尔伯的影响下，已经是法国飞行爱好者们的学习中心地了。

不光是有志于飞行的人，其他慕名来访的人也非常多，其中有地方的政界名人，著名的发明家、探险家，甚至连一些欧洲国家的国王也慕名前来，想一睹这位飞行家及飞行表演的奇迹。

有一次，正在旅行途中的西班牙国王阿方索陛下，特地不远千里绕道来波尔城，想亲自观赏这新奇的飞行表演。

当地的官员们，接到这个消息后，立即通知了威尔伯。威尔伯也想在国王面前一显身手，希望他能大力提倡、鼓励西班牙的航天事业。

那天上午，国王在侍卫们和当地官员的陪同下，准时来到了飞行场地。

不巧的是，那天的天气不太好，风向摇摆不定，不适于飞行。威尔伯穿着带有油污的飞行服，上前迎接，正准备解释一下。

而国王的侍从武官却趾高气扬地对威尔伯命令道：

"莱特先生，赶快起飞吧！"

威尔伯有点不高兴地看了他一眼，然后尽量平静地说：

"你看那边的飘动的旗帜，这表明风势极不稳定，很抱歉，这种天气不适于飞行，等会儿看看再说吧！"

盛气凌人惯了的武官顿时变了脸色，申斥道：

"这怎么行？国王陛下的行程安排得非常紧凑，哪有时间在这里等，不能把其他预订计划耽搁了，请你马上起飞给国王观赏！"

　　威尔伯一副爱莫能助的表情，武官气得吹胡子瞪眼睛，但却也无可奈何。

　　"这样无礼的美国市民，要是在西班牙的话，早就被控以大不敬的罪名了。"

　　威尔伯不理会那名武官，满脸笑容地对国王陛下说道：

　　"承蒙国王陛下亲临观赏，十分荣幸，但请陛下谅解，这种风势实在不适合飞行，况且又下起雨来了，勉强起飞是一件很危险的事情。请陛下多多原谅。"

　　那位阿方索国王，不失为一位开明的君主，他制止了那位武官的无礼，和蔼地对威尔伯说：

　　"天气恶劣，不能冒险飞行，这是无可奈何的事，没关系，不知先生阁下，可否把飞机的构造和操纵方法，简单扼要地讲一讲？我对它是真的非常有兴趣。"

　　"可以，我很乐意为陛下效劳，请跟我来。"

　　威尔伯让国王坐上副驾驶的位置，先把飞机上的各部分的名称、功能介绍了一下，又握着操纵杆示范给国王看。国王非常专注地听他讲解。有时还饶有兴趣地向威尔伯提出个问题来。

　　"虽然不能起飞，但是最起码我是第一个在飞机上拍照的国王，哈哈！"

　　国王爽朗地笑了起来，这样参观完后，也就满怀喜悦地与威尔伯道别了。

　　"威尔伯先生！我代表西班牙王国诚挚地邀请您到我国旅游，请您不要推辞。"

　　威尔伯笑道："谢谢国王陛下的邀请，等我忙完这里的事情，一定要到贵国一游。"

　　威尔伯虽然说要去西班牙旅游，但是一旦埋头研究飞机，他就把这件事情忘得一干二净了。

"哈哈！天下之大，能够将国王赶回去的人，莱特先生，恐怕就你一个人呀！"

好友以一种诙谐的声调大笑着说。

西班牙国王访问过去不多久，英国的爱德华国王也曾特地来参观访问。

爱德华国王在英国被国民深深敬慕，他对飞机的兴趣一点也不亚于年轻人。在威尔伯的陪同下，不仅对飞机的构造、功能听取了详尽的解说，而且还到飞行场地巡视了一周，了解有关飞行的一些情况。

平时不爱多说话的威尔伯，看到老国王这么感兴趣，也就打开了话匣子，滔滔不绝地向这位国王讲述各种飞行情况及自己的飞行经历，老国王也深深为这位年轻人的不懈斗志、聪明智慧所折服，频频点头表示钦佩。

英国的报业大王、《每日邮报》的社长诺斯克利夫先生也来了。

他在看完威尔伯的飞行表演后，曾经预言说：

"这将是人类生活方式的一大革命，无论是在交通、军事还是其他产业，都将依赖于航空，人类的一个新的航空时代就要来临了。"

这位具有远见的报界先辈的预言果然在不久的将来应验了。

1909 年 4 月，威尔伯接受意大利的邀请，曾到罗马作了几次飞行表演，有一次的飞行高度达到了 1400 米，打破了他保持的飞行高度纪录，因而荣获了意大利飞行俱乐部颁赠的金牌。

德国政府也慕名邀请，可是威尔伯到欧洲作飞行表演已近一年了，实在很想家，也很惦念奥维尔的伤势恢复情况，便以准备回家为由婉拒了。整顿行装，准备回国。

威尔伯这一次欧洲之行，在欧洲各地掀起了一个飞行热潮，法国有好多地方都纷纷建立了飞机场。

而人们纷纷举办捐款、义卖、设奖金等活动方式，鼓励那些热爱飞行事业的人去创造更好的飞行成绩。在波尔飞行学校的影响下，许多类似的学校也发展起来。

在威尔伯准备回国前夕，法国飞行俱乐部及法布尔先生等人设宴为他饯行，座中有许多政界要员和社会名流。席间人们邀请威尔伯发表一下对飞行事业的感想。

一向沉默寡言的威尔伯站起来幽默地说：

"据说在鸟类当中，最会说话的是鹦鹉，可是鹦鹉的飞行技巧却是很笨的。我愿做雄鹰，而不做会说话的鹦鹉。"

众人听了这句绝妙比喻，不禁捧腹大笑，报以热烈的掌声。

威尔伯怀着无限的希望，准备回归阔别一年的故乡。

威尔伯荣归故里

1909 年春天，威尔伯完成了在欧洲各国的飞行表演，告别了法国的朋友，踏上了回国的旅程。他在乘船回国的途中，回忆起往事，不禁思潮翻滚。

威尔伯和弟弟从小就爱好摆弄机械，后来又开始对鸟类飞行感兴趣，进而憧憬能进行空中飞行。先从玩具纸蝴蝶开始，接着进行各种飞行试验与研究，后来又以外行人身份，办起过报纸，再到改行开设自行车行。

后来受德国人李莲塔尔等人的启发，对滑翔机产生了极大的兴趣，放弃自行车业务，而把注意力转到滑翔机的研究，几经波折，不仅滑翔成功，而且又设计了带汽油发动机的飞机，从初次试飞成功到现在的"莱特号"动力飞机。

轮船上，威尔伯一边看着新绘制的动力飞机设计图，一边叹道："唉！可惜母亲早逝，不能亲眼看到自己今天的成绩。当年可是她教自己学会了画第一张图纸呢！"

威尔伯个人的成绩，虽然已经创下了空前的纪录，但他也不能因此自满，听说在国内有位名叫卡提斯的青年，已经制造出来一架新式复翼机，正在加紧试验，大有迎头赶上之势。

飞机这块新的领地正在被越来越多的人关注着。威尔伯心想，自己绝对不能落在别人后面，他要赶快回去，继续研究和改良动力飞机。

还有自己那亲爱的弟弟奥维尔，一想到弟弟，威尔伯心情就特别激动，听说他病情已经有所好转，正在康复之中，也不知道康复情况究竟如何了，将来会不会影响飞行。

父亲年纪已经大了，不知道现在还是不是很健康。妹妹凯特的近况不知如何，离家近一年，威尔伯心中实在惦念得很。

躺在床上的威尔伯就这样胡思乱想着，轮船就在威尔伯的思绪中快速地前行着。轮船抵达码头的时候，弟弟奥维尔和妹妹凯特早已接到电报，前来迎候了。

阔别一年，今日相逢，一时千言万语，竟不知从何说起，兄妹三人紧紧地拥抱在一起，激动的心情无以言表。

"哥哥，恭喜你在欧洲创下了 2 小时 20 分 23 秒的成绩。"奥维尔紧紧地握住了哥哥的手，抑制住激动的情绪，向哥哥祝贺。

"哥哥！你也比以前瘦多了！"妹妹看着哥哥威尔伯，非常关怀。分开一年，看见哥哥变得消瘦的脸庞，她不由得有点心酸。

"奥维尔，你的腿伤怎么样了？"对于自己的身体和在欧洲创造出来的成绩，威尔伯并不关心，他现在唯一关心的是弟弟的腿伤。

"没关系了，哥哥，腿骨虽然在飞行中折断了，但经过医院治疗了这么长时间，现在已经完全愈合了。"奥维尔轻快地说道。

"不会影响飞行吗？"

"绝对不会。"

"凯特，你这一年怎么样？父亲还好吗？"威尔伯转过头问妹妹。

"我很好。爸爸的身体还很不错，硬朗着呢！听到你在法国飞行表演成功的消息，他现在高兴得不得了，有好几回自言自语地说：'可惜，可惜苏珊不能看到孩子们的成绩！'"

凯特的话，引起了兄妹三人一阵伤感，妈妈已经病逝很多年了，但是他们还是很想念母亲，一时间感叹不已，热泪盈眶。

威尔伯今天要回到家乡的消息，也早已传到了代顿市。这天代顿市洋溢着一片欢乐的气氛。

威尔伯为美国，也为家乡代顿赢得了荣誉。

当兄妹三人同乘一辆马车快要进入市区时，突然传来了教堂的钟声，工厂的汽笛鸣声，还有声震云霄的礼炮声，道路上站满了许多从外地赶来欢迎他们的群众，人们纷纷围在路上，争相目睹这位震惊欧洲的飞行英雄，街道两旁的楼上的窗口也挤满了观看的人群。

威尔伯·莱特以一向特有的和蔼、谦逊的笑容，向夹道欢迎的群众答谢。

威尔伯哈哈笑道："哦！他们太热情了！"

奥维尔激动地说道："哥哥！我们成功了！以前那些嘲笑我们的人现在都以我们为荣了呢！"

妹妹凯特感动得热泪直流，不时掏出手帕擦拭。

"是呀！怎能不让人感慨万千呢！"

那天晚上莱特兄弟参加了市里盛大的焰火晚会，他们的画像也出现在晚会上，肖像画足有两米多高，一面美国国旗缠绕着画像，看上去十分的庄重。

代顿市的庆祝盛典，整整持续了三天！

在这三天中，代顿的商店除了销售表现霍夫曼草原、霍索恩街旧居、法国勒芒飞机场以及迈尔堡检阅场的纪念明信片外，实际上所有的营业都停止了。

第二天，发明家的父亲密尔顿把政府各部门颁发的奖章交给了他的孩子。一枚奖章是国会颁发的，另一枚是俄亥俄州的立法机关颁发的，第三枚是代顿市政府颁发的。

在2500名身穿红、白、蓝三色服装的学生的簇拥下，莱特兄弟接受了一面巨大的美国国旗，爱国热情达到了高潮。

代顿的地方官员、社会名流，也纷纷前来祝贺、拜访，邀请他们兄弟两人出席各种宴会，兄弟两人一时应接不暇。

以前对莱特兄弟的飞行不屑于报道的当地报社这一次一改姿态，长篇累牍地追踪报道莱特兄弟的故事，甚至有人还将莱特兄弟小时候制作雪橇、玩具蝴蝶的事情都写了上来，报纸很快销售一空。

莱特兄弟一时之间身价百倍。

但是，莱特兄弟并没有为一时的成功而陶醉沉迷，而是非常清醒，丝毫也没有忘记自己的使命、责任。兄弟俩尽量婉拒那些不必要的应酬，把更多的时间、精力用于飞机的改良研究和飞行技术的提高上面。

"前次你载人试飞，却不幸机身坠毁，你自己的腿骨也被折断了，然而塞弗里奇却当场死亡，到底是哪里出了毛病呢？"

莱特兄弟两人应酬结束后，威尔伯就和弟弟一起寻找那次试飞失败的原因。

"飞机的各个部件都没有问题，只是在起飞后不久，螺旋桨突然折断，以致造成危急而告坠毁，真是令我始料不及。"

"哦！飞机能够向前飞行，全靠螺旋桨的运转。所以这种快速旋转运动的螺旋桨，就要求所使用的材料的质地必须坚固耐用才行，今后我们要特别加以注意。"

"其他一些部件，互相关联，也绝对不能有一丝一毫的疏忽，我们要更加精心地进行研究，不能让一般大众把航空事业看作是冒险的行径，要是这样，今后是很难去推动航空飞行走向实用的，甚至会被人们舍弃。那样，我们多年来的血汗，也就白费了，远大的理想也就落空了！"

威尔伯的这番话既是对自己和弟弟飞行试验的反思，也是把目光放在更遥远的目标，让飞机能够造福人类。

一生的奋斗

　　共同的事业，共同的斗争，可以使人们产生忍受一切的力量。

—— 莱特兄弟

飞行再创新纪录

威尔伯在欧洲飞行表演的成功已经传遍了美国，也深深地震动了美国陆军部。莱特兄弟也由以前的无人理解、支持的怪人、疯子，变得身价百倍了。

1909 年，美国陆军部再次和莱特兄弟接洽收购飞机一事，最后决定于 6 月 30 日在梅耶要塞，做第二次试飞。

在威尔伯还没有回来以前，奥维尔驾驶自己新制的飞机，在初春已经做过多次试验，飞行时间有所增加，飞行高度也达到了 1200 米，即使是顶着强风，仍然飞得极为平稳。

经过莱特兄弟两人对新机做进一步改进后，又经过几次试飞，他们更有信心飞好这次试验。

经过一段时间的调养，奥维尔的伤势已经痊愈，对他来说，这一次的飞行非成功不可，绝对不能再重演上一次的悲剧。

6 月 30 日，这个陆军部指定的试飞日期到来了。

莱特兄弟的名声早已传扬海内外，他们制造的飞机性能优良，飞行技术也极为纯熟高超。所以，这次的飞行，人们早早地就传了开来，除了陆、海军高级军官，政府官员、议院的议员、科学家、企业家、新闻记者以及一般民众外，就连当时的美国总统塔夫脱也亲临现场观赏他们的飞行表演了。

就在一年前塞弗里奇中尉曾经洒下热血的地方。飞机静静地停放在跑道上，天空中的白云在轻轻地飘来飘去，微风拂面，让人惬意无比，这是一个适宜飞行的好天气。人们在纷纷地谈论着。

"这次飞行一定会很精彩。"

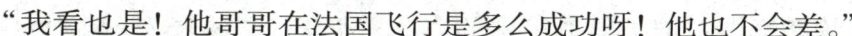
"我看也是！他哥哥在法国飞行是多么成功呀！他也不会差。"

"不过，几个月前的失败，还是有点让人担心，这次大概不会重演吧！"

"那是一次意外，不可能再会发生的！"

"你看，总统都来了，可见政府对这件事非常关心重视。"

观众们你一言我一语地议论着，巴不得飞行早点开始。

"这不但是陆军方面所做的一次试验，而且对美国来说，也事关国家荣誉，是只许成功不许失败的大事呢！"一位威风凛凛的老将军严肃地说着。

"你看，莱特兄弟过来了。"

奥维尔在哥哥威尔伯的陪同下。走向机身，四周的观众，立时沉静了下来，几千双眼睛在注视着他们兄弟俩。

奥维尔和威尔伯边走边谈，威尔伯不时用手比画着什么，并拍拍奥维尔的肩膀，进行鼓励。

当他们兄弟俩走近飞机时，和奥维尔同乘的赖萨姆中尉已站在飞机旁等候了。

威尔伯走过去，与他握手致意，预祝飞行成功，赖萨姆中尉感激地微笑致谢。

奥维尔首先爬上驾驶座，赖萨姆接着坐在奥维尔的身旁，熟练地系上安全带。

正在这时，有一位记者突然上前，不客气地向赖萨姆中尉问道："中尉先生，你有什么遗言吗？"

赖萨姆中尉一本正经地说道："哦！朋友，别这么悲观，我对莱特兄弟有信心。如果说我真的那么不幸死了的话，那么请在我的墓地上种肯塔基州花吧！"

记者离开之后，奥维尔轻笑道："中尉先生，你真的一点都不害怕吗？"

赖萨姆中尉拍了拍奥维尔的肩膀，笑道："放轻松，小伙子，我对你有信心，我们会成功的。"

发动机发出了巨大的声音，螺旋桨开始旋转，奥维尔举手示意，威尔伯将信号旗一挥。飞机缓缓地向前滑行了。

载着两个人的飞机，起飞时显得有点吃力的样子，可是不久就渐渐稳定了，机头朝向北方，以 12 米左右的高度，作直线飞行。

上千名观众全神贯注地看着滑行的飞机，一会儿飞机便升上了天空。这时，场地上发出如雷般的掌声，夹在观众中的妹妹凯特和好友杰克，比任何人都要兴奋。

这一次的飞行试验，是以福特梅耶练兵场为中心做盘旋飞行的，所以不久奥维尔便慢慢地把机头掉转过来，开始在广大的练兵场上空，一圈又一圈地盘旋起来。强风不时地吹打着机翼，但是机身只不过摇晃了一下，马上又恢复了平稳。

这时，正是黄昏时分，涂抹在云层间的余晖，已由金色逐渐转成紫色，实在是一幅笔墨难以描绘的艳丽景色。

奥维尔驾机在场地上空做盘旋式的飞行，一圈、两圈，观众的视线随着机身转，观众的目光随着飞机转来转去，五十圈、六十圈、六十五圈，快接近指定的一小时了。

不久，政府所要求的飞行时间已经到了。观众齐声欢呼鼓掌，有的挥着手帕，有的往天空抛帽子。号笛响起来了，警笛也接着长鸣。

一个军官在不停地挥舞信号旗，表示已经到达了规定的飞行时间，可以下降了。

场里数千名观众如醉如痴，掌声、欢呼声，响彻云霄，许多人在挥舞手帕，也有人在抛掷帽子，接近于疯狂。

飞机仍然在天空盘旋，不知是没有看见舞动的信号旗，还是其他什么原因，飞机不仅没有下降的意思，反而还增加飞行高度，继续在空中盘旋。

"怎么回事呢？为什么不降落？"

"真怪，会不会是机器出了毛病，无法下降？"

观众们议论纷纷，是发动机太热了，以至于无法停下来？还是升降舵坏了？又或者说是奥维尔身体出问题无法掌控飞机？

几千名观众盯着天空中不断上升的飞机影子，报以不安的神色，既兴奋又担忧，不断地揣测着。

唯有坐在场地一边的威尔伯一点也没有着急，他确实胸有成竹，他知道，今天天气好，很适合飞行，奥维尔在没有打破他在欧洲创下的两人同乘飞行纪录以前是不愿意轻易下降的。

旁边的在评审席上的计时员，在过了好一大会儿后，才转过头来，对威尔伯说："奥维尔先生现在已经超过您在欧洲的飞行纪录了。"

威尔伯含笑点头，他看着在天空依然矫健飞翔的飞机，心想奥维尔不但已经超过了自己的1小时又15分的飞行纪录，而且，他一定还能创造一个更高的新的飞行纪录呢！

他和场上数千名观众一样，继续仰望着在空中飞翔的飞机，心情极为兴奋，脸上也绽放了欣喜的笑容。

又过了一段时间，奥维尔在众人的热切注视下，终于开始驾机缓缓下降了。而正是在这同一飞行场地，几个月前，他和塞弗里奇躺在血泊中被抬往医院紧急抢救，如今，他终于成了征服天空的英雄。

奥维尔和赖萨姆中尉走下了机身，四周又再次响起了如雷鸣般的掌声和欢呼声，他俩挥挥手，微笑着答谢四周的人们。

"1小时23分20秒！"计时员激动地用喇叭宣布了这一惊人的消息。

威尔伯第一个跑了过去，满怀喜悦地紧紧与奥维尔拥抱在一起。

滑翔在自由女神像上空

这时蜂拥而来的人潮、声震云霄的欢呼和飞掷而来的帽子，交织成了一幅热闹非凡的动人场面。

塔夫脱总统也满脸笑容地走上前来向莱特兄弟祝贺，他幽默地夸奖说："实在了不起呀！莱特先生！机身上下一点也没有破损，却打破了世界纪录！这是你们的光荣，也是全美国的光荣。"

奥维尔谦虚地说："总统先生，我只不过是打破了我哥哥的纪录而已。"

站在旁边一直注视着飞行情况的妹妹凯特也走过来了，激动地说道："恭喜你，哥哥！"

1909 年 9 月，奥维尔接受德国皇帝的邀请，赴欧进行飞行表演。

那个时候的德国研究飞艇特别热，德国皇帝一再地奖励飞艇的制造，那时有齐柏林的飞艇出现了，并飞行 21 个小时近 440 千米之远。

不过，德国也有许多有远见的人热心飞机事业，他们一致认为："发展上升飞行的飞机，要比体积庞大的飞艇要更有实际意义和价值。"

"那当然啦！李莲塔尔不就是咱们德国人吗？听说邻近的法国飞行家都可以横越海峡，飞到英国了呢！"

奥维尔就是在这种情况下被邀请来到德国的。当他抵达德国以后，德国陆军气球队里面，希尔特普兰上尉和格拉汉中尉等人，纷纷表示愿意和奥维尔同乘飞行试验。

9 月 8 日，奥维尔和希尔特普兰上尉同乘飞行了 35 分 56 秒。接着，第二天，他又和格拉汉中尉做了一次 1 小时零 3 分的飞行。

10 月下旬，德国皇太子腓特烈对同乘飞行感到非常有兴趣，也要求和奥维尔也做一次同乘飞行。

奥维尔就小心翼翼地带着腓特烈皇太子，在空中做了几十分钟的盘旋，满足了皇太子的好奇心，使他兴奋不已。

当年威尔伯在欧洲撒下的种子，已经在欧洲生根发芽，并渐渐地开花结果了。

法尔曼在法国的飞行大赛中创下了单人飞行 3 小时又 4 分的纪录。

拉达姆的飞行高度也升高到了 1200 米。一为名叫普莱利奥的飞行家，驾着一架单翼机，也进行了持续两个小时以上，长达 185 千米的野外飞行。这架飞机的特色是，利用车轮和弹簧的力量，可以在平地上自行滑行起飞，而不再像过去莱特兄弟在基蒂霍克时必须在轨道上滑行的陈旧方式。

奥维尔在德意等国做巡回表演期间，他细心地观察，发现欧洲各国的飞行事业，在威尔伯离开后，已经有了非常大的进步，要是不奋起直追，就会落后，于是，他决定提前回国，进行飞机的研究、改良工作。

奥维尔在欧洲进行了辉煌的表演，在美国的威尔伯已经 42 岁了，他觉得自己的年纪已经大了，不想再从事飞行，他的想法和弟弟奥维尔不谋而合。

后起之秀卡提斯等人，虽未成名，但也都在埋头研究、试验，成绩进步迅速，不可忽视。

威尔伯准备不再从事飞行试验，而把全部精力致力于飞机的研究设计和制造改良上。

他把这种意愿向助手们透露了。其中一位追随他多年的助手柏金斯劝说："威尔伯先生，今年 1909 年，正好是荷兰探险家哈德逊发现纽约 300 周年纪念的日子，也是蒸汽轮船的发明人罗伯特·富尔顿航行于海上 200 周年的纪念日。美国将会以纽约市为中心，热烈地举行庆祝大会。先生您可以利用这个机会，做一次划时代的飞行表演，借此还可以激起人们对飞行事业的兴趣！"

"这个想法不错，值得考虑考虑，但是我年纪有些大了，不想再从事飞行了呀！"

"威尔伯先生，人类能在空中飞行，您是第一位创始者，在欧洲，您也创下了空前的纪录，米修兰奖杯的获得者不也是先生您吗？您的声誉，无人可及。我认为您更应该让国人能有机会欣赏到您精湛的飞行技术，这是深具时代意义的一件事，请您千万不要犹豫！"

"好吧，就这么定了。"威尔伯点头同意了。

柏金斯等人高兴得手舞足蹈起来。

纽约市是世界最大都市之一，位于哈得孙河畔，港湾里早就停泊了许多友邦国家派来庆贺的舰只，六个友邦国家的军舰，舰上挂满了五彩缤纷的旗帜，鲜艳夺目，甚是壮观。

到了晚上，灯火辉煌，哈得孙河边，绚丽的焰火使港湾如同白昼，五彩缤纷的星花，令人叹为观止，目不暇接。自从纽约市开埠以来，这种人山人海的盛况，实属罕见。

9月9日的这天，由于各大报纸都在头版新闻中以特大号字预先报道了威尔伯·莱特即将做飞行表演的消息，所以，矗立着自由女神像的自由岛上，一清早就被闻讯赶来的人们给挤得水泄不通，都想一睹这新奇玩意儿。

人们纷纷拥向港口及比特罗岛，布鲁克村海岸更是挤满了黑压压的人潮。人们莫不怀着期待的心情，等待这历史性的一刻。

九月的阳光已不像炎夏时那么灼人，和风微拂，清爽宜人，而且晴空万里，对飞行来说非常的理想。威尔伯和助手们，仔细地检查了飞机的每一个部件，丝毫不敢疏忽。

虽然"莱特号"飞机比起横越英法海峡的新飞机来说已显得旧了一些，在起飞时不像那架单翼机轮子滑动轻便，但是在美国人的心中，威尔伯·莱特的飞行技术，绝对是世界第一流的。

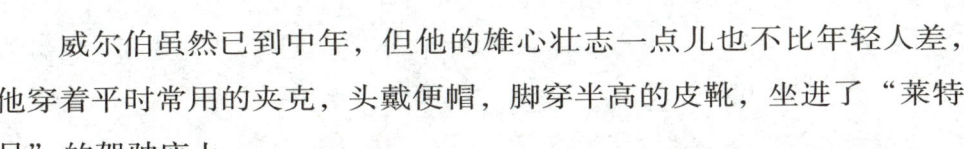
威尔伯虽然已到中年，但他的雄心壮志一点儿也不比年轻人差，他穿着平时常用的夹克，头戴便帽，脚穿半高的皮靴，坐进了"莱特号"的驾驶座上。

10 点 15 分，发动机开动了，发出隆隆的声音，螺旋桨也猛烈地转动起来。不一会儿工夫，飞机向前滑行着，接着，冲向那海天一色的空中了。

威尔伯驾驶着"莱特号"飞机，一会儿冲入高空，隐没在白云里，一会儿又穿云而出，像一只雄鹰一样在蓝天白云里轻松自得地翱翔着，翱翔着。

突然间，地面上的人们听到了低沉的隆隆的声音，在由远及近地传来，原来"莱特号"这时候已降低了高度，在自由女神像的上空，开始飞绕起来，飞行的姿态非常优美。

观众的欢呼声把震耳的飞机声给淹没了。这一次，虽然只是 6 分 30 秒的短促飞行，却令全纽约市的人们欢喜若狂，个个赞叹不已。这确是一次非常优美的不同寻常的飞行。

最后，飞机机头朝出发点平稳地降落下来。

后来，有一位画家哥夫把威尔伯绕着自由女神像飞行的情形绘成一幅油画，题名为"历史性的飞行"，这幅画至今还保存在纪念馆中，成为见证那段历史性飞行的重要资料。

成立莱特飞机公司

奥维尔从欧洲回来以后，把自己在欧洲的见闻和自己的想法说出来和哥哥商量，他说："我这次到欧洲去，走了好几个国家，停留了有半年之久。"

"在这期间。我看到欧洲各国飞行事业的进步之快，远远超出了我的想象。"

"我认为，今后的工作，应着重在研究设计上，才能不断地进步，否则，不进则退，终将会被别人赶上去的。不知哥哥是怎样认识的？"

"我也有这个意愿。本来，我年岁也不小了，不再适合飞行了。这一次飞行是在别人的鼓励之下，也是为了提倡航空事业，希望激起人们的飞行兴趣，才做了一次临别的示范性表演。我也准备今后要致力于飞机的研究、设计和改良上。你回来得正好，你也有此想法，咱们就一块动手准备吧！"

莱特兄弟两人的想法又不谋而合，他们决心携起手来进行飞机的研制和改进工作。

当时的欧洲，德国政府已经拨出 2800 万美元作为研究发展航空事业资金，然而，美国陆军部却只有 4.35 万美元的预算支出而已，和欧洲诸国相比，实在算不上重视。

"政府现在的态度好像改变了。"

威尔伯安慰说："政府现在已经在考虑将飞机实用化的问题了。听说邮政部门已在考虑利用飞机来传递邮件。至于军事方面，也有许多人在竭力鼓吹发展航空业。这种事业，是一种必然的趋势，对政府来说，是巩固国防的重要工具。大势所趋，不久将会有美景出现的，咱们不必灰心。"

"哥哥。你记不记得，以前不是就有过银行家表示愿意投资吗？那时候，我们没有答应。"

"是呀！那些银行家无非是想独占事业，从中获取暴利，这才是他们的真正目的，所以，那时我们没有答应。"

"可是，我们要成立飞机公司，是需要大量资金的。单靠我们自身的力量是绝对不行的。这就非得需要有银行家的投资才行。"

"银行家或是其他出资者愿意投资入股的话，他们也只能算是股东，管理的实权必须由我们来掌握，我们一定要维护我们的专利权。"威尔伯谈出了自己的看法。

当他们把这个设想透露出去后，很多银行家前来洽谈，表示愿意出资，但是，他们的观点和莱特兄弟产生了冲突。

他们认为飞机事业必定会成为一种大规模的对外事业，假如这个公司为莱特兄弟所独占的话，就会像美国电话、电信公司一样，成为一种独占事业，对航空事业的发展将有所障碍。

所以应该由出资的股东和莱特兄弟一起组成一个董事会，来处理一切问题。

可是站在莱特兄弟的立场来说，这是他们半生的心血的结晶，是孜孜不倦地努力才完成的发明。所以无论如何非得维护自己的权益不可。

就在双方进行拉锯式的谈判的时候，在美国崛起了一位后起之秀卡提斯，他曾设计制造了一架水上飞机，出售给美国海军。

莱特兄弟经过认真的研究之后发现那架水上飞机根本就是"莱特号"飞机的仿制品，可是要想采取法律途径控告卡提斯侵害他们的专利权，又得需要一笔可观的费用。

兄弟俩商议后决定，对投资的银行家作有限度的让步。让投资人共同参加董事会，但专利权仍属莱特兄弟所有。

1909 年 11 月，"莱特飞机公司"终于在代顿市正式成立了。

美国陆军部一共订购了 6 架飞机，欧洲的英、德、法各国也都买下了制造权。订单源源不绝，生意兴隆。

莱特兄弟日夜孜孜不倦地埋头研究，他们的"莱特飞机公司"出产的飞机，性能优异，飞得高，飞得快，而且安全耐用。

同时，世界各国的科学家，以及飞机制造的从业人员，都纷纷前来请教，莱特兄弟总是不厌其烦地予以指导、讲解，使他们满意而归。

1909 年 8 月，在法国北部尼斯赛马场，举行了第一届国际飞行大赛。

参加这次国际飞行大赛的飞行员共有 30 多位，各国都有，法国人对于大奖落入谁家这个结果非常关注，在比赛前纷纷揣测着。

"你知道吗？这次莱特兄弟没有来参赛。"

"哦！太好了，那对兄弟没有参赛，那么比赛的冠军肯定是我们法国人获得了。"

"听说咱们法国是以新制飞机参赛，我看，这次奖杯是由咱们法国人夺得了。"

这次飞行大赛的声势造得很大，无论走到哪里，人们都翻开报纸争相传阅，好像自己也在参赛一样。

掀起世界飞行热潮

这次比赛，美国只有卡提斯一人参加，法国人认为，若论飞行技术，要数莱特兄弟最好，其他的人，都不在他们眼里，所以，许多法国人很有自信，认为这一次不至于再被别国的人夺魁了。

当时，法国的一位热心于飞行的富豪运动家戈登彼那特为奖励飞行而宣称："将颁发 2.5 万法郎的奖金和一个纯金的大奖杯，给飞行最快的冠军。"

法国人自信没有莱特兄弟参赛，可以稳操胜券，但是，没料到美国人卡提斯驾驶自制的卡提斯式复翼机，以 15 分 50 秒的时间，飞完了全长 20 千米的行程，获得比赛的冠军。

法国人看到这位年轻人竟然后来居上，超过了莱特兄弟，都纷纷赞不绝口。

"这个年轻的小伙子竟然超越了莱特兄弟，实在是了不起呀。"

卡提斯载誉回国后。就在纽约开设了一所卡提斯飞行学校，专门来培育飞行人才。

莱特兄弟则继续从事飞机的研究、设计、改良，同时，大力培育飞行人才，刚白金斯、史顿、贺密、罗吉士等，是其中的佼佼者。

飞行事业已经由试验阶段走向实用阶段了。欧洲各国都在大力提倡，并且政府拨出巨款予以奖励，美国自感不应落后，加上舆论界的大力宣传，使美国政府和人民对这一新兴事业更为重视了起来。

1935 年春，纽约的《纽约世界》杂志社宣称将颁发 2 万美元奖金给能够从阿尔巴尼顺着哈得孙河直飞纽约，做航程为 250 千米野外飞行的人。

这一消息一经披露，很多人都想跃跃欲试。

奖金虽有很强烈的诱惑力，但一想到这一航程要飞越悬崖峭壁的山谷，以及广袤无垠的森林，其间的气流很不稳定，危险性很大，有些人也就知难而返了。

卡提斯听到这个消息后，决心趁此机会一显身手。

"老师，这太冒险了，那里飞行情况极为复杂，中途要是遇上气流不稳定的状况时，恐怕连个临时降落点也找不到呀！"

他的高徒汉密顿劝阻说。

"放心，不会有问题的！"卡提斯不顾左右劝阻，决意飞行。

1910年5月的一天，卡提斯驾驶着新制造的复翼机，一早从阿尔巴尼出发，历经2小时10分的飞行时间，终于飞完了全程。

卡提斯这次飞行成功的消息立即轰动了全美国。卡提斯也一下子名声大噪。人人称赞他有点与莱特兄弟并驾齐驱，甚至有所超过。

眼看着卡提斯这样的后生小辈的声誉似乎有凌驾于莱特兄弟之上的趋势，追随莱特兄弟多年的柏金斯心里很不服气，他对威尔伯说："先生，再做一次令世人震惊的大飞行吧！挫一挫那小子的锐气。"

威尔伯微笑着说："以我的年龄来说，已不再适宜飞行了，现在是你们的时代。"

"先生，别说丧气话。您一定可以的。"

"不如这样吧！柏金斯，卡提斯既然以长距离飞行取胜，那么，我来制造一架新飞机，由你来驾驶，和他比一比高低，咱们这架飞机就在高度上创造新纪录吧！"

"那真是太棒了！我一定要好好干，绝对不会使先生的名气受损。"

到了6月，柏金斯以1354米的高度，创下了世界最高飞行纪录，对卡提斯提出了挑战。

这时，卡提斯门下的汉密顿，也完成了纽约和费城之间的往返飞行，飞行距离为 273 千米，打破了卡提斯的纪录。

柏金斯不甘示弱，驾驶莱特机从芝加哥出发直飞春田，这次飞行全程 280 千米。飞行时间为 5 小时 51 分，超过了汉密顿。

同年的 10 月 8 日，莱特的门生贺密驾驶莱特式新机，参加圣路易斯飞行大赛，以 2 小时 45 分的成绩，获得比赛的冠军。其他莱特兄弟培养的飞行高手如迪宾、巴梅利和柏金斯等人也都各自取得了优秀成绩。

10 月下旬，法国举行第二届国际飞行大奖赛，各国飞行高手纷纷前来，踊跃报名。

为了保持自己在第一届奖杯得主的荣誉，卡提斯这次没参加，而是派了自己的高徒汉密顿出马参赛。

但是，这次卡提斯式飞机却惨遭失败，而驾驶莱特式复翼机的莱特高徒史顿，以 2900 米的高度，创下了世界新纪录，赢得二等奖，也算是为美国争了一点光彩。

这一届的荣誉奖杯是由英国的格拉汉·怀特获得的，他所驾驶的飞机是单翼机，具有 102 千米/小时的速度，在速度这方面，复翼机已经无法赶上单翼机了。

这时候，在美国国内，也掀起了一阵飞行热潮。

培养年轻的飞行家

1910 年 11 月 6 日，在美国的巴尔的摩举行飞行大赛。

"这是个好机会呀！正是我们重振莱特复翼机荣誉的时候了。"

"对！有人说莱特式飞机已经落伍了，我们要证明给他们看，莱特式飞机有了新改进了，我们一定可以重振往日的雄风。"

莱特式飞机已经在很多地方做了改进，比如说在起飞时不再靠轨道滑行，而是采用车轮，升降舵也移到尾部。

贺密和史顿两个人，对于别人批评莱特式飞机已经落后过时的话语，最为气愤。这次，他们决心要一显身手，重振莱特式飞机的声誉。

他们意气昂扬地在晴朗的秋日下做畅快的飞行。

首先，贺密一口气升高到 1620 米，史顿也在盘旋，突然来了个急转弯。

"啊！好险呀！"

飞机好像在做一种紧急降落的样子，可是，忽然又一下子像箭似的直升上高空。这些精彩的飞行特技，立即引爆了现场，赢得周围人们的阵阵掌声，观众们如醉如痴地注视着这惊心动魄的表演。

11 月 14 日，莱特兄弟门下的三位高徒，又在登巴市的奥佛兰公园举行公开的飞行表演。

人们全神贯注地观看着史顿在一千多米高空的飞行特技表演，时而紧张无比，时而轻松愉悦。

飞机一下子升上 1500 米的高空，突然间紧急下降，好像要坠落到观众头上的样子，胆小的群众被吓得惊叫起来。

正在这千钧一发之际，说时迟，那时决，飞机的机头又昂然上仰，如离弦之箭，很快地爬升上去了。

"本来他就是个玩耍汽车的能手，动作机敏是他与生俱来的本事。"

贺密话刚说完，忽然，前一刻还像燕子般自在飞翔的机身，竟然在再次盘旋时，机身急速地往下直降。

就在观众痴迷于这神奇、精湛的飞行绝技时。突然间，在场的数千名观众，几乎是同时发出了一阵可怕的惊叫声。

"出事了！"

贺密和柏金斯快步飞跑了过去。这架刚刚还好好地在飞的复翼机这时像只折断了翅膀的鸟儿一样，机身一头坠落在森林里边了。

"啊！怎么会这样呢？"

正在工厂里专心制造新式飞机的奥维尔，一听到这个不幸消息，泪珠夺眶而出。求功心切的史顿，不幸遇难牺牲了！

奥维尔分析研究了飞机失事的原因，是由于机翼的强度不够，在急速转弯时，承受不住巨大压力而折断，才使自己这位心爱的门徒失去了宝贵的生命。

威尔伯和奥维尔为此悲伤不已。但史顿的遇难并没有吓倒征服天空的勇士。莱特兄弟的另一位高徒贺密并不把它放在心中，在圣诞节当天，独自一个人跑到西海岸的洛杉矶市做了一连串的高空飞行。

1911年12月29日清晨，贺密驾驶莱特机绕威尔沙山的天文台上空，创下了飞行高度3400米的空前纪录，但他一点也不自满，而是希望再升高到4000米。

1911年的最后一天，为了让世人知道"莱特机"是一种优秀的机型，今天非飞到4000米高不可。

贺密意气昂扬地再次驾机升上了天空。他在天文台上空绕飞几圈，然后直上云霄，转眼工夫，在云层中消失了踪影。

"能够达到4000米吗?"

"啊! 破纪录了。"

抬头仰望天空的观众们, 对于他飞得那么高, 开始有点担心他的降落问题了。这时, 机身穿破云层, 循着小半径的圆周, 做美妙的回旋下降。

从1000米到800米、500米, 一直下降到300米的时候, 忽然, 飞机剧烈地摇摆不已, 渐渐地, 飞机整个地失去了控制, 急转直下地, 像一颗炸弹那样轰然一声巨响, 撞在地面上了。

可怜年仅26岁的贺密, 也为了开辟征服天空之路而献出了宝贵的生命。当威尔伯·莱特接到这不幸消息的电报时, 双手颤抖, 泪流满面, 不能自已。"这无疑是被砍掉了双手。"

正是由于这两个高徒的努力, 才挽回了正在走下坡路的莱特机的声誉, 但是这也使他们年轻的生命, 做了征服航空事业的牺牲品。对于他们的牺牲, 莱特兄弟内心无限惋惜和悲伤。

不过, 也有两件事让莱特兄弟二人心中稍感安慰。

当时, 由于英国人怀特在法国第二届国际飞行大赛中以单翼机赢得了飞行速度的桂冠, 所以单翼机就盛行一时, 大家都竞相采用。

但是, 有一位哈里先生却不服气, 他不满人们宣称莱特式复翼机已经落伍了, 哈里先生1911年7月30日, 满载燃料, 驾驶着一架莱特式复翼机, 在海上飞行了194千米到达纽约。随即又经大西洋城、巴尔的摩市, 直抵华盛顿的科莱区公园, 全部行程738千米, 历时不到两周。这次跨越七州的长途飞行, 说明了莱特式复翼机是经得起考验的, 并没有落后。

"莱特式复翼机还没有落伍呢!"

当时, 还有一件事也证明了莱特式飞机的优越性能。

《纽约·美洲人》报社宣布将颁发5万美元奖金, 给能在30天内飞行横越美洲大陆的人。这次的飞行全程是4000千米, 而且规定中途不能转换飞机，所经过的都市也一一加以指定。

"这个条件也未免太苛刻了，以现在制造的飞机来看，根本办不到。"

就连卡提斯门下的曾经进行过长距离飞行的汉密顿，也感到无能为力。

就在这个时候，莱特兄弟的另一位高徒罗吉士挺身而出，他决心驾驶 50 马力的莱特式复翼机去征服这个人人都踌躇不前的航程，为莱特式飞机争取荣耀。

这是个惊险万分的飞行，途中必须横越深邃的山谷、广漠的森林、无边的沙漠、湍急的河流，有时候还会遭到狂风暴雨的袭击，也会碰到气候极不稳定的山峰，被迫在山间的空地上做紧急降落。

在这以前，还没有一个人敢做如此大胆的飞行尝试，没有人相信他会成功。

罗吉士一路上克服了种种的困难，终于在 11 月 4 日 16 时，飞抵加利福尼亚州的帕沙第纳，完成了横越美洲大陆的艰险行程。

全美国掀起了一片欢呼的赞美声，人们纷纷为这位英雄的壮举而感到自豪。

这次飞行壮举，不仅轰动了全美，而且随着世界各地报纸的报道，也传遍了世界，被视为不可思议的奇迹。

无名的青年飞行家罗吉士立刻被尊为西部英雄，他所驾驶的莱特式复翼机也因其卓越优异的飞机性能而扬名海内外，莱特飞机公司一时收到的订单如雪片般纷纷飞来，还有远自中国、印度等地的订单呢！

维护飞机专利权

"威尔伯先生，好久不见了，一切可好？"

有一天，发明家罗艾宁前来拜访莱特兄弟。

"是罗艾宁先生，快请进，今天大驾光临寒舍，不知有何贵干？"

罗艾宁回答说："是为了专利权的问题。"

"不知先生对此事有何高见呢？"威尔伯便问道。

1910 年，威尔伯·莱特曾对卡提斯侵犯专利权的事，向法院提出控诉。

原来，在 1907 年，威尔伯·莱特听说卡提斯所属的飞行协会需要一些研究资料，他就很热心地把李莲塔尔交给夏纽特教授，以及莱特兄弟两人亲自冒着生命危险所获得的资料，全部交给了卡提斯。

没想到卡提斯自己想创立飞机公司而退出了该协会，同时，他把那些宝贵的飞行资料，全部占为己有而带走了。

随后，卡提斯就根据那些资料而仿制出了卡提斯式的复翼飞机，这完全是剽窃行为，所以后来莱特兄弟向法院提出了控告。

当时发明家罗艾宁曾前来出面调解过。

"威尔伯先生，我无意袒护卡提斯，不过，我相信在今后的二三十年间，飞机一定会有崭新的面目出现，飞行事业也必然一日千里，有着无限的发展前途，将来世界各地会有许许多多个飞机工厂相继成立，这是一种发展趋势，对吧？"

"对。这是必然的发展趋势，也是我们兄弟一直以来想要看到的。"

"威尔伯先生，我想到了那时候，每家工厂都将蒙您的发明所赐，虽然在构造上有所不同，但本质上还是相同的。"

"请问，您的意思是？"威尔伯盯着罗艾宁问道。

"威尔伯先生，请原谅我的坦诚的要求，我想请您撤销那件控诉吧！您何不宽宏大量地公开自己的发明，以显示您的伟大胸怀，也为航空事业的飞速发展贡献出自己的技术？而且这也正是发明家所应行之路呀！"

威尔伯没有立即回答，而是沉思了半晌，以略带低沉的语气说道："罗艾宁先生，如果我想藏私，当初也就不会把那些用血汗和生命为代价得来的材料交到他手上了。我原是本着研讨学问的观点才这么做的，可谁知，他居然把那些资料据为己有，这还不算，而且靠了这些资料仿制成了卡提斯式复翼机。这是一种不可原谅的剽窃行为，先生的好意，我恕难从命。"

罗艾宁的调解没有成功，便怅然回去了。

关于侵权这个问题，莱特兄弟曾经多次向法院提出申诉。法院对这个诉讼案的审理，非常慎重，曾经请了许多专家前去作证。

"根据莱特兄弟的申诉，卡提斯的辅助机翼侵害了他们的专利权。"

卡提斯辩护说："莱特兄弟的专利是机翼由操纵装置来控制，而我设计的辅助翼，只是用来移动另一个小翼的装置，和他根本没有丝毫关系，不能算是剽窃或仿制。"

莱特兄弟反问道："可是在形状方面，改变机翼的角度这一点，在本质上还是一样的，这显然在专利权范围之内，因此，你本质上是构成剽窃的。"

主审法官认为，审理这个案件，首先要确定的谁是真正的飞机发明人？法律应该对发明人的权利予以保护。

威尔伯的律师立刻站起来说："将动力装置安装在滑翔机上，首先载人飞上天空的是莱特兄弟，毫无疑问，他们是飞机的发明人，这是无可争辩的事实。"

卡提斯的辩护律师却予以反驳说："史密斯尼安研究所的蓝格利博士，才是最初的飞机发明人，他早在莱特兄弟研究、试验滑翔机时，就已经着手研究制造了。"

这时，莱特兄弟这边的律师也站起来说："飞机的主要构造全部包括在莱特兄弟的专利权内，因此，莱特兄弟，才是首先装上发动机飞行的人。"

接着，卡提斯的证人林肯·比奇大声地发言说："只要有发动机，就是一块切菜板也能飞呢！不信我表演给你们看。"

这句话引起哄堂大笑。

就这样，经过好几次开庭辩论，彼此唇枪舌剑，争论不休，始终难下定论。

当时，人们的舆论也分成两派。

同情莱特兄弟的人认为，这兄弟两人耗费了半生的心血，把他们的时间、精力、金钱都贡献在了飞行事业上，保护自己呕心沥血的发明，是他们的权利。

至于那些反对莱特兄弟的人，则认为莱特兄弟企图借此来获取暴利，不是一个伟大发明家的本色。于是，量小、贪财、好名等恶意言语，纷纷传开来。

直到 1914 年，上诉到最高法院时，莱特兄弟才终于获得胜诉。结束了这宗长达 4 年的官司，莱特兄弟才终于松了一口气。

安逸的晚年

当你觉得混乱时，请保持高度，因为没有人跟天空相撞过。

—— 莱特兄弟

威尔伯·莱特病逝

　　莱特兄弟除了从事飞机设计与制造研究外，他们两人还十分关心飞机给人类带来的实际用途，不断地向政府宣传航空的利益。

　　在政府要员中，邮政部长希区可克是最肯听取莱特兄弟建议的。他派陆军上尉倍克和奥比顿到莱特飞行学校上课学习，然后在隆格岛的米纳奥拉邮局和纳苏比迪飞机场之间，试飞了一周的邮件运输工作，虽然只飞行了9千米的距离，却也充分说明了飞机的一项重要功能，利用航空来投递邮件。

　　此外，军事上的用途也正在被开发利用，墨西哥叛乱的时候，就曾经利用过飞机在敌人上空做侦察工作，为美军平叛立下了赫赫功劳。

　　伴随着飞行事业的蓬勃发展，飞行事业这个时候也由个人的草创发展为有组织的工业生产阶段了。

　　由于这种企业化的经营方式，需要充分的设备和优秀的专业人才，所以没有充裕的资金是办不到的。因而，各国政府为了发展本国的航空事业，都专门拨出巨款，用于资助飞行研究。

　　当时的欧洲，世界大战的气氛越来越浓厚。1911年，意大利和土耳其开战。1912年又发生巴尔干战争，国际间的关系日趋复杂紧张，彼此剑拔弩张，竞相发展新式武器。在这种形势之下，飞机就已被考虑用于军事方面了，飞行研究也就格外受到重视。

　　英国政府曾拨出300万英镑制造了100架军用飞机，法国和德国也编列了2500万美元的军事预算，用来研制400架飞机和30艘飞艇。

　　美国远在大西洋彼岸，奉行孤立主义政策，素来保守，也就没有必要去拨巨款大力发展这种危险性极高的飞行器研究。

莱特兄弟关心国内的航空事业的发展，对此情况忧心忡忡，有一天，威尔伯对弟弟奥维尔说："美国和战火激烈的欧洲各国，远隔着大西洋，只要不主动参战，还是可以享受一段太平的日子，但是航空事业的发展，是时代必然的趋势，我们的政府表现却很冷漠，一点也不热心，航空预算才区区43万美元而已！眼看就要被别人赶上去了。"

"我们并不是想借战争来推动这种事业。但在和平用途上，政府也应该加以重视才行，比如说，递送邮件啦！发展交通啦！都是很有前途的啊！"

"政府和民间的企业家都不愿投资，真是让人忧心啊！"

1912年，美国各地普遍经济不很景气，很多工业都已陷入瘫痪状态，实业家的投资意愿很低，对于航空事业这个高危险的事业，实在是缺乏兴趣。

政府既不愿拨款补助、奖励，民间企业家又缺乏投资意愿，莱特兄弟也无可奈何。

在长期的劳累和忧虑下，威尔伯终于病倒了。1912年的春天，威尔伯突发高烧，医生初诊认为是消化不良，开了一些药物，叮嘱休息一两天就会好的。

可是接连好几天，他都在高烧不退，且越来越严重，病中他还关心着专利权的问题，口中喃喃自语："飞机是我发明的。"

热度始终未退，奥维尔和凯特慌了手脚，急忙打电话叫来了医生，经过医生的复诊，确认是伤寒，医生嘱咐必须好好休养，不可乱吃东西，否则会引起肠出血或穿孔性腹膜炎，那样的话后果就不堪设想了。

兄妹两人听后，忧心如焚。凯特更是在旁边细心地看护。可是，威尔伯的病情，丝毫没有起色，反而更加严重了。

奥维尔不禁悲伤地跪了下来，向上帝祈祷："上帝啊！请保佑我的哥哥早日康复吧！没有他我如何继续飞行的工作？"

可是，威尔伯热度始终未退，全身倦怠，头痛脚痛相继出现，且有腹泻现象，身体一天天地衰弱了。

最不幸的事情还是发生了。1912年5月29日清晨，威尔伯终于咽下最后一口气，与世长辞了。这位毕生献身于飞行事业的伟大发明家，正值45岁的英年，就溘然离世。

回首威尔伯过去45年的生涯，那无异于一场艰苦奋斗的历史。威尔伯的一生都献给了发明飞机的事业。

威尔伯为1903年以后的人类，带来了难以计数的利益，而他的一生却像牧师一般，过着非常俭朴的生活，甚至终身未娶，一生奉献给飞行事业。他自始至终坚持着自己的信念，为了自己的理想奋斗了一生，永不更改。

"威尔伯哥哥，是一个诗人，始终坚持着目标，为理想而奋斗，从无到有，创造了一番伟业。"

这是凯特安慰哥哥在天之灵的一番告白。

当威尔伯逝世的噩耗传出去以后，美国上下，乃至于全世界，对于这位伟大发明家的溘然长逝，无不哀伤不已。上自总统、政府机关的首长、金融界的大亨、社会的知名人士，以及航空界的人们，所送的悼词和花圈堆积如山，葬礼在他父亲密尔顿服务过的小教堂举行，葬礼过程简单、隆重，正符合威尔伯俭朴而又寡言的个性。

当哥哥威尔伯逝世之后，奥维尔不免有孤独之感。回想兄弟二人自幼相处在一起，彼此有相同的爱好，放风筝、办报纸、开自行车店、研究滑翔机、建立莱特飞机公司，都是两人携手合作、共同研究，而现在，哥哥撒手人寰，从此天人相隔，真是让人悲痛不已！

但是，一想到哥哥还有许多未完成的事业，奥维尔不得不强抑住悲伤，力图振作起来。

专利权的诉讼案未决，和史密斯尼安研究所的争执也没有定论，飞行学员的飞行训练，莱特飞机公司的业务发展，在英国新的一家莱特工厂也即将成立等，都需要奥维尔一肩承担起来。奥维尔只能忍住悲伤，力图振作。

一号机回归祖国

　　1914 年，欧洲爆发了第一次世界大战，世界各国竞相制造新的武器，而作为航空领域的飞机一下子水涨船高，成为各国重点发展的利器。

　　世界大战交火正热，这时，奥维尔一直住在华盛顿，和史密斯苏尼安协会理事长沃尔克特博士交涉"谁是飞机发明人"的问题。

　　奥维尔以平静的语调对这位 50 多岁的博士说："我现在宣布，我们兄弟两人才是最早发明飞机的人。"

　　"可是……"

　　"没有可是，对于贵会支持蓝格利教授一事，我一定要通过合法途径解决，我不能沉默。"

　　"莱特先生，很抱歉！我会绝对承认蓝格利是最早的飞机发明人。"

　　这个协会认为，1891 年蓝格利博士就发表了有关空气力学的论文，1896 年，他又制作了一个转动的试验台，以模型来做试验以印证他的理论，并获成功，这些都是确凿的事实。

　　1903 年 10 月，蓝格利向议会提出研究制造飞机的提议，而获得国会批准，得到了一笔研究补助费，他制造了一架可以载人的飞机。

　　在莱特兄弟举行飞行试验前的两个月，蓝格利选定在弗吉尼亚的波多马克河上做飞行试验，但由于飞行装置有问题，而使整个飞机坠入河中而失败了。蓝格利的这次失败，后来成为众人的笑柄。

　　国会也曾有个别议员对此大加批评："国立机构的史密斯苏尼安协会，到底为什么？怎么会收容这样一位梦想家？"

议会拒绝再次出资支持飞行试验研究，蓝格利也在失望中离开了人世。

可是，当由莱特兄弟开创的飞行事业有所成就时，有些人竟又提出了蓝格利博士，认为他是飞机发明人。

史密斯苏尼安协会称蓝格利失败的原因，在于设备问题，而不是理论上的错误，所以他们认为这项发明应该属于蓝格利博士。

协会把蓝格利的机体重新整修，收存在史密斯苏尼安协会中，机前的告示牌写着："世界第一架载人升空的飞机。"

奥维尔得知这个消息后，非常气愤。有一天，他质问该协会的负责人沃尔克特博士，说："姑且不论蓝格利博士那次飞行失败到底是基于什么原因，但是连续试飞两次，都没能起飞却是不可争辩的事实。现在，你们协会把他那架不能起飞的机体陈列出来，供人参观。为什么我们真正载人飞行的飞机，不能在你们这里陈列展览？这样做，公平吗？"

"奥维尔先生，这是我们协会所作出的决定，我个人无权做主，请原谅。"

奥维尔眼看谈判毫无进展，与协会的多方交涉也毫无结果，在这种情况下，他一怒之下，离开了华盛顿，在返回家乡代顿途中，他作了一个重大的决定。

奥维尔回到代顿市以后，立即把当年在基蒂霍克首次载人起飞的"莱特一号"机体，拆卸装箱，运往英国。

伦敦的南安普顿科学博物馆立即欢喜地接纳了它，并把它重新装配，陈列了出来，飞机前的导示牌上写着："首先利用发动机的力量，做人类最初载人飞行的飞机——莱特一号。"

一时观者如潮，人们纷纷前来看这架最早带人升空的飞机，感受当年它第一次升空产生的震撼。

这架飞机经过长久的岁月，翼布都褪色了，机翼两端也低垂了下来。

在飞机里面，还有两个类似莱特兄弟的假人，趴在机翼下面，手握操纵杆，做控制飞机起飞的动作。

奥维尔看见之后，不禁感慨道："虽然不是在美国陈列，但是一号机总算是有个归宿了！哥哥。你在天之灵，也该安息了！"

"莱特一号"机在伦敦博物馆陈列展出的消息一传到国内，美国舆论大哗，在第一时间引起了极大的关注。舆论纷纷指责史密斯苏尼安协会的自私行为，认为它有违科学精神，要求他们公开向奥维尔道歉，并尽快把"莱特一号"机运回美国，在显著位置展出。

但是，后来由于第二次世界大战爆发，使"莱特一号"继续流落在异乡，前后时间长达20年之久，直到1942年，"莱特一号"才重回祖国的怀抱，受国人永久瞻仰。

当时，欧洲各国战争激烈，飞机成为一种极具攻击性的新式武器，所以，飞机制造和相关工业，也迅速发展起来了。

由于这种需求加大，各国自己生产的飞机，已供不应求。美国一些金融资本家看好这一产业，纷纷投资于航空工业，使美国一度不受重视的航空业，也进入了飞速发展的时期。

航空事业突飞猛进

自从哥哥威尔伯病逝以后，奥维尔感到孤独无依，在身心俱疲的情况下，他萌生了退休的念头。

专利权的问题已经解决，美国的经济也已复苏，重现繁荣景象。公司的发展也蒸蒸日上，奥维尔觉得自己也到了退隐的时候了。

奥维尔决定让出全部股权，把莱特兄弟公司交由别人去负责。在召开的股东大会上，他宣布将让出全部的股权，在场的股东人员全都惊讶不已，纷纷挽留奥维尔。

"奥维尔先生，您还年轻，为什么这么早就想退休？目前美国的经济呈现出欣欣向荣的景象，航空事业更是前途无量，我们正需要您的领导，请打消这个念头吧！"

这一席话，代表了每一位董事的心愿。全场都为之鼓掌赞同。

"谢谢你们的好意，不过，我已经感到很倦怠，我的健康情况已大不如前。无法应付公司繁杂的事务。我和各位相处多年，感情上自然恋恋不舍，可惜的是我有些力不从心了！"

虽然各位股东代表极力挽留，但是，奥维尔去意已定，在无限伤感的气氛下，奥维尔和股东代表们含泪告别。

这样一来，奥维尔无事一身轻，他独自一人来到郊外散步，不时抬头仰望天空。飞鸟、白云和童年时所见的一样，似乎毫无改变，但是，人事沧桑，几十年的光阴，如白驹过隙，转眼间消逝无踪！

青山依旧，绿水长流，而自己的哥哥却与世长辞，自己也是四十多岁的人了！

走着走着，不知不觉之间就走到了哥哥的墓地。奥维尔在墓前，对长眠地下的哥哥默默地祈祷："哥哥！专利权的诉讼案已获得胜诉，最早的飞机发明人也已有定论，莱特飞机公司的业务更是蒸蒸日上。这些都足以告慰哥哥的在天之灵。亲爱的哥哥，安息吧！"

祈祷完毕，奥维尔感觉多年来郁结在心中的一块疙瘩消失了，全身一阵清爽，步履轻松地走回了家中。

有一天，莱特公司董事会成员佛烈曼来到奥维尔家中，开门见山地对他说："奥维尔先生，现在您最关心的专利权问题已经解决，没有别的烦心事了。请您回到公司来吧！公司非常需要您的参与。公司的董事们一致同意，愿意把95％的股权给您，只请您回来主持大局。"

"最近我的健康情况不太好，恐怕无法担当公司里的繁杂的业务，敬请原谅。"奥维尔借口推辞说，他十分不想回去。

"莱特先生，现在卡提斯创办的卡提斯飞行公司，发展迅速，订单增多，在航空工业界大有凌驾于咱们公司之上之势。为了莱特公司的发展，还请您出来帮忙呀！"

当时卡提斯飞机公司发展很迅猛，已经将莱特飞机公司挤压下去，在这种情况之下，董事会一致认为，持有飞机专利权的奥维尔非亲自出马不可。

佛烈曼看奥维尔还有些犹豫，就接着说："先生您到公司后，可以不去负责具体的公司业务，只要以顾问的名义重回公司就可以！"

经不住佛烈曼一而再的劝说，奥维尔终于答应道："好吧！既然这样，我就只好勉为其难了。"

奥维尔接受顾问一职以后，首先出马和辛普莱汽车公司等几家大企业的董事长进行商谈，邀请他们加入莱特公司，使公司的资金越来越雄厚。

接着，他又和洛杉矶制造飞机的格兰·马汀公司合并，成了莱特·马汀公司。同时，又购买了法国优良发动机斯巴诺伊萨的制造权，突破了发动机制造上的种种难关，自行研制开发了一千多台具有优越性能的发动机。

由于这些方案的成功实施，莱特公司的根基越来越稳固，产品也越来越精良，在美国国内已经首屈一指，居于龙头地位，也大大超过了卡提斯公司，无人能与之匹敌了。

从当时航空业发展的情形来看，发动机的马力将越来越大。董事们一致主张要往这个方向发展，但是，以多少马力为目标呢？

"现在航空界最需要 150 马力的发动机，所以应该抓紧制造这一类型的设备。"

"不！150 马力远远不够，将来肯定是 200 马力的时代，所以应该补充这一类型的设备才对。"

彼此争执不下，难获结论，无奈之下他们去请教奥维尔，奥维尔对他们说："依我看来，航空事业，不只是在战时，即使战后的和平用途上，仍有无限美好的前景。既然决定要发展马力较大的引擎，索性以 300 马力为发展目标。同时要制造新机体，要尽可能减轻其重量。金属方面，以铝为最轻。应该在这方面也多加以研究。"

奥维尔果然有真知灼见，第一次世界大战确实是 300 马力的时代，在第一次世界大战的末期，300 马力的发动机就已开始被广泛采用。莱特公司生产的 200 台 300 马力的发动机，在全世界各地的天空飞翔，这不能不说是奥维尔的功劳。

1916 年，葡萄牙、希腊等国对德宣战，罗马尼亚也加入协约国。美国总统威尔逊出面斡旋和平。

1917 年，美国也对德、奥宣战。

1918 年，美国总统威尔逊发表"14 条和平宣言"，德、奥投降，第一次世界大战结束。

这次大战是有史以来第一次以飞机作为空中攻击武器的战争，人员死伤及财物损失难以估计。战争之惨烈，可谓空前。

莱特兄弟自幼从放风筝、观察鸟类飞行开始，就一直憧憬人类能在空中飞行，后来，受到德国李莲塔尔的启示，开始对滑翔机产生了浓厚的兴趣，出于他俩一向喜欢摆弄机械，于是，设法把一台发动机安装在滑翔机上，而成为动力飞行体，且能载人飞上天空。

当初，他们兄弟俩的本意是想发展一种飞行物体，能够递送邮件或是用作交通工具。但是，却万万没料到他俩发明的飞机，竟然在大战中变成杀人的工具。

对此，奥维尔心中悲痛不已，即使长眠于地下的哥哥，也会于心不安吧！

如今，世界大战已结束，美国的军事工业以及相关企业都纷纷倒闭，显现出一片萧条的景象。

莱特公司，在奥维尔的建议下，趁此机会把航空事业立刻转向邮政及交通、旅游方面去寻求发展，因为，这才是莱特兄弟研究飞行的主要动机。

"保根先生！"

在一个月色皎洁的晚上，奥维尔访问了莱特公司的新董事长。

自从患上了气喘病之后，一直待在代顿市老家的奥维尔，今天的身体还很不错。

"啊，莱特先生。您好啊！"

"真庆幸战争终于结束了，虽然飞机在这次战争中显示出了它的不可替代的价值，并有长足的进步，可是，我实在不愿意我的发明成为杀人的工具。"

"这个我也有同感，今后我们将在邮政交通等方面，发展它的和平用途。"

"对！因此，保根先生，我们得发明一种跟军用飞机完全不同的发动机才行！它必须又轻又省油，而且要价格便宜，才能受到广泛欢迎。"

"说得有道理，莱特先生，你有什么好的建议吗？"

"我主张放弃水冷式，大力发展空冷式的发动机。"

于是，1922 年，在奥维尔的大力推动下，莱特空冷 J4 型、J5 型发动机相继问世了。产品一出，果然深受好评，销量直线上升。

1926 年，美国终于超越了一向居世界航空首位的法国，成为世界最大的航空国，美国航空业进入了一个迅猛发展的时代。下面的事实可以为证：

柏特少将飞越北极成功。

林白从纽约到巴黎完成横渡大西洋不着陆的飞行。

张伯伦自纽约到柏林飞行成功。

威金斯横渡北极飞行成功。

一系列创造世界纪录的壮举不断地出现，这得归功于莱特"旋风""飓风"发动机的惊人力量。

这时有谣言说："奥维尔大量收取专利权使用费，是借发明而发私财。"

但是，事实上如果奥维尔真想发财的话，他是有权从莱特公司那边获得几十亿元的报酬的。

可是，奥维尔在出让他全部的股权之后，就再也没有向公司要求一块钱的专利费。

奥维尔坦率地说："我要是想发财的话，早就可以在转卖专利的时候，大大地捞一笔钱了，何苦等到现在。"

奥维尔的亲人、朋友、公司的董事也纷纷出面为奥维尔辩白，这样，人们才渐渐了解到原来莱特兄弟研究飞机，纯粹是基于对飞行的向往，他们自始至终不曾为自己的利益打算过，一直过着简朴的平凡生活。

谣言在事实面前不堪一击，人们明白了这个真相后，对莱特兄弟的高尚品格深怀敬佩，景仰不已。

朴实无华的生活作风

在代顿市的郊区，有一座古色古香而带有英格兰风格的砖造房子，共分上下两层。

房子里的白色圆柱已呈斑驳的黄色，砖墙上爬满了青翠的常春藤，住宅周围是大得可以合抱的榆树，益发显得青翠欲滴，古趣盎然。

年逾60的奥维尔，雇了几个佣人，独身住在这座房子里，平时这个地方行人来往很少，他在家里过着一种很安宁的生活。

有一天，纽约一位有名的出版社经理特地来到这里，拜访奥维尔。他开门见山地说："奥维尔先生，您兄弟俩的伟大发明，对我国，乃至对全世界人类都是很大的贡献，不仅国人引以为荣，而且世界各国也都对您兄弟俩非常敬仰。可否请您将三十多年来的研究、发明的奋斗过程和心得感想，用传记的形式写出来，来作为年轻人的楷模，给世人了解、学习？"

"我相信，由于您的自述，一定会让无数的青少年从中获得有益的启示。"

奥维尔听完对方的叙述后，摇了摇头，谦虚地说："实在不敢当，我们兄弟二人从小就喜欢搞机器，在一个偶然的机会里，启发了对飞行的憧憬和兴趣，就这样，一步步推演下去，有了些成就。其实，我们两人在人类飞行探索历史过程中，只是有幸获得了成功而已，实在很平凡，不敢自诩。"

说到这里，他又停顿了一下，叹了口气说："然而，真没想到，在世界大战期间，我们的发明成果，竟然被各国用来作为杀人的工具，这件事，实在令我痛心不已！我想，长眠于地下的哥哥的亡灵，也一定会于心不安的。这件事，不谈也罢。"

奥维尔虽然拒绝了，但是那位出版社经理还在坚持劝说道："奥维尔先生，把飞机作为攻击武器这件事情，并不是您的错，您不必放在心上。你们兄弟两人当初的研究动机，功在千秋，利国利民。"

"这一点，世人都已十分了解清楚，请您对此不要再过分自责了。更何况，到了战后，莱特公司立刻转向和平用途发展，目前也取得了巨大的成功，这是众所周知的事实。所以，我还是认为，您应该把这些写出来，留给后人，让后人了解您。"

奥维尔沉思了半晌，然后缓缓地对他说："这件事，我感到很为难，原因是，很多当事人如今都还健在，如果要我写的话，就不能凭空杜撰，必须绝对真实。这样一来，很可能要得罪很多人，所以，我想，还是以后再说吧！"

奥维尔以此婉转地拒绝了这位出版社经理的一再请求，说什么也不肯写自传，出版社经理看见劝不动奥维尔，也就告辞离开了。

其实这并不奇怪，莱特兄弟一向不喜欢出风头，威尔伯尤其沉默寡言、朴实无华。

过去，当他们兄弟两人因飞行表演而扬名海内外的时候，人们争相要求他们签名、留影，但是他们两人都是尽可能地予以婉言拒绝。

不过，越是这样，人们越是以获得他们的签名或合影照片为荣。

虽然做飞行表演时，也曾经被人拍摄了一些照片，但是他们兄弟却根本没有正式请人拍过照的记录。报社的资料里，依照字母排列，上至总统或者国务卿，下至地方名人，一切新闻人物的照片，莫不一应俱全。

唯有在字母 W 的部分，抽开 WR 的卡片，莱特兄弟这两位世界闻名的飞机发明大家的照片，不过那么一点点而已。

代顿市也因莱特兄弟而闻名。1930 年，奥维尔被推选为该市的荣誉市民，奥维尔是第一个获得这项荣誉的人，他很热爱自己的家乡。而当地出了这样一位名人、英雄后，大家都以莱特兄弟为荣、自豪。

当地有一位热心人士，看见奥维尔孤零零的，而威尔伯生前也没有结婚和谈恋爱，不由得问道："奥维尔先生，能冒昧地请问你，为什么你们兄弟都不结婚呢？"

奥维尔对这一个问题，总是微微一笑答道："几十年来，一直忙于飞机的研究设计、制造、改良，实在太忙了，哪有时间谈恋爱、结婚？"

"那不太寂寞了吗？"

奥维尔只是静静地看着天空，微笑道："抬头看看天空吧！鸟儿总是独自在飞翔的。"

"可是独身生活总会有很多不方便的地方吧！"

"那倒不见得，我们兄弟两人都与机械为伴，既未感到寂寞，也不会有太多不便的地方，你看啊！有机械与我为伴呢？"

来客顺着奥维尔所指的方向看去，见到桌上放着自动烤面包机。在它还没有成为商品在市场上出售以前，奥维尔已经在使用它了。

"哈哈！当初我要是把这个专利权卖给电子公司，一定可以大赚一笔呢？偏巧我对这样的事不感兴趣。"

"奥维尔先生，这是您发明的吗？您真让人钦佩！"

"哪里！哪里！你看，还有这个。"

奥维尔说着就把在房间一角的留声机打开了，立时，房子里面回旋起美妙无比的音乐声。当唱片唱完最后一曲的时候，便有两根木架子自动伸出来，一下子就把唱片给反转了过来。

这种自动交换式的留声机，在当时属于一种非常高级的消费品。

沙滩上的航空纪念碑

"这是我在无聊的时候想出来的，比维多公司出品的还早 5 年呢！"

"这不是比爱迪生还早吗？奥维尔先生，您曾为了专利权问题而力争，为什么对这些新颖的机器不申请专利呢？"

来访的人以一种既惊讶又惋惜的语气问奥维尔。可是，奥维尔却平静地说："对于飞机以外的事，我是毫不在意的。"

对奥维尔来说，像这一类的发明，不过是为了他本人生活的便利而设计出来的。可是，飞机就不同了，那是耗费了一生的心血，等于是自己的生命一样的东西。

"怎么样，这个发明？"

奥维尔将装设在安乐椅一边的杠杆移动了一下，椅子的角度立刻倾斜了下来，正好可以舒展一下身子。

"要是飞机也能设置这种椅子，悠闲地躺着，做横越美洲大陆的飞行，那该多好！"奥维尔安详平静地说。

已经迈入老年之境的奥维尔，一生为飞机的试验和发明有过一番长期的苦斗，对飞机的未来发展，依然像青年时那样怀着无比的热情。

奥维尔在面临加拿大佐治亚湾的小村子里，建了一间小小的夏季别墅。这间别墅的外貌并不起眼，可是具有坐在椅子上就能自动开关窗户，以及一走到门口就会自动打开的装置，使来访的客人往往惊讶不已。

而更让人惊讶的是为了遮蔽强烈的阳光能够移动的屋檐。

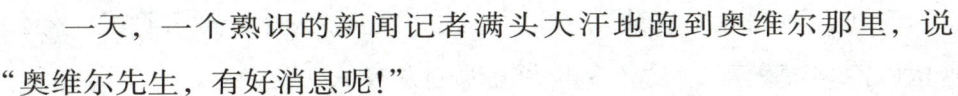

一天，一个熟识的新闻记者满头大汗地跑到奥维尔那里，说："奥维尔先生，有好消息呢！"

"什么事？请休息一下！擦擦汗再说吧！"

"没关系，我刚得到消息说'莱特一号'就要运回祖国了，还有代顿市市民一致推举你为荣誉市民呢！"

"真的？一号机真的送回来了吗？"

奥维尔极为动情地询问着情况。一号机滞留海外，一直是他心中未了的心愿。

就这样，离国多年，最初未受到重视的"莱特一号"机在1948年平安回归了美国。

这架老迈的原始飞机，由于年代久远，每个部位都显得脆弱不堪。飞机翼布已经褪色，好像一撕就破的样子。虽然是这样一副陈旧模样，美国人这次却视之如珍宝。运回以后，经过一番细心修整，被陈列在史密斯苏尼安的大厅，和林白飞渡大西洋的"圣路易斯精神号"单翼机并列在一起，供世人永久瞻仰。

奥维尔自被推举为荣誉市民后，经常有人邀请他在各种庆祝大会、纪念节日等集会场所中发表演说，他虽然一向不喜欢应酬，但为了公益事业，仍热心参加。但如果是一些无谓的应酬，则一律予以拒绝。

退休的生活，并不是终日无所事事，他经常步行到过去的工作场所及办公室消磨时光。

那里是他们兄弟两人从事飞行研究和试验的地方，保存着当年的各种机械、模型、书籍、资料等。他俩在这里，发现了许多飞行原理，计算过无数的公式，做过难以数计的试验，虽然都已成为历史陈迹，但它的功绩却不可磨灭。

当年，他们两人心里专注于飞行研究时，人们对他们进行嘲笑、嘲讽，称他们是疯子、神经病。

现在，他们兄弟俩成功了，飞机也由理论发展到实用阶段，他们俩也因而名闻天下，谁也不再去说他们是疯人了。

奥维尔虽然年事已高，但他想把过去不受重视，也未曾发表的一些公式、理论，一一进行汇集整理，作有系统的叙述，以便留传下来。所以，尽管他依然很忙碌，却是乐此不疲。

凡是来代顿市参观的人，当汽车到达荷松街时，司机总会把速度减慢，并告诉游客："这里就是莱特兄弟的家。"

代顿市莱特兄弟的家已经成为游客的观光地之一。莱特兄弟开设自行车店的木造房屋，仍然原封不动地保留着，油漆斑驳的招牌依然悬挂着供游客们瞻仰、参观。

1932 年，美国政府在基蒂霍克，那个莱特兄弟第一次载人飞行成功的地方，投资建造了一座高大巍峨的大理石纪念碑。

奥维尔应邀参加揭幕典礼。

这个地处偏僻的海滨小渔村，一时冠盖云集。从政府代表、美国科学协会，以及代顿市所寄来的祝辞、贺电、美丽的花篮等堆满纪念碑的周围。

奥维尔缓缓移动脚步，来到纪念碑前。

这时天空中传来了莱特"飓风"式发动机的怒吼声，震撼着整

个基蒂霍克沙丘，以配置 4 个发动机的大型机为首，几百架莱特机列队飞越纪念碑上空。

奥维尔仰望天空，想起过去和哥哥做飞行试验的种种情景，不禁老泪纵横，感慨万千。

他用手落下布幕上

的绳子，高耸入云的巍峨的纪念碑矗立在面前！那上面铭刻着：

1900 年，莱特兄弟以坚定不移的信念，在此地做人类
载人首次飞行成功。

"多么艰难的步伐，我们终于走过来了！可惜威尔伯再也看不到
今天的盛况了！"

"奥维尔先生，不知您对今天的纪念碑有什么感想？"有人问他。

奥维尔说："这是一块用汗水和鲜血铸成的丰碑。"

所有的观众都报以热烈的掌声。

奥维尔亲自拿了一束鲜花走到纪念碑前放下说："这一束花献给
所有在试飞中失事的人们，他们是真正的英雄，没有他们的贡献，我
们不会有今天的成绩。"

这座永远令人敬仰的纪念碑，也是一座标志着莱特兄弟探索飞行
精神不朽的航空丰碑。

安宁幸福的晚年

1930 年，在美国竟然出现了一家名叫卡提斯·莱特的公司。

在过去，莱特兄弟和卡提斯这两方热衷于飞行的飞行师，一直在唱对台戏。

起先是飞行纪录的竞争，后来又为了专利权而打官司，这场官司一拖就是多年。如今，这一对冤家却携手合作，为了进一步开拓飞行研究事业，而走到了一起。

卡提斯·莱特公司确实气派非凡。它拥有大大小小几十家分公司，资金总计超过百亿美元。产品以飞机机身、发动机，以及各种零件为主，在美国是首屈一指的大企业之一。

第二次世界大战结束后，奥维尔已经是 76 岁的白头老人了。

这时，美国最大的一家航空公司是泛美航空公司，因为仰慕飞机发明人奥维尔·莱特，特地专程招待这位发明家乘坐该公司的一架豪华客机游览。

朵朵白云，迅速地在眼前掠过，飞机非常平稳地在蓝天里翱翔，飞行舱内有冷热调节设备，铺有厚厚的红地毯，座位坐上去感觉舒适自在。

"奥维尔先生，您感觉如何？"负责招待奥维尔的高级人员恭敬地问道。

"真不错呀！至少我的一号机远远不能和它相比呀！"

这个时候的奥维尔的头发前半部已经全掉光了，脑门上也深刻着老人特有的皱纹，条条皱纹都记录着过去半生的苦斗，那双慈祥的眼眸，使人如沐春风、和蔼可亲。

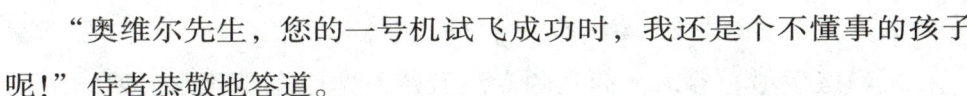
"奥维尔先生，您的一号机试飞成功时，我还是个不懂事的孩子呢！"侍者恭敬地答道。

"这架飞机的发动机马力是多少呢？"奥维尔饶有兴趣地问那位招待人员。

"3000 马力。"

"啊！3000 马力！时代发展得真快呀！我的一号机和它远远不能相比啊！"

奥维尔看着并排在驾驶座上方的几十个仪表，又看了一眼窗外附着在金属机翼上的 4 个 3000 马力的发动机，说："构造真是精巧啊！看来，我也真的老了。"

"奥维尔先生，这还要归功于您呢！要不是您当初试验发明，怎么会有今天的飞速发展的飞行事业呢？"那位高级招待人员对这位飞行前辈深怀敬佩地说。

可不是吗？这豪华的飞行客机，到底还是根据 50 年前自己所发明的构造原理来飞行的。想到这里，他的眼睛里闪出欣慰的目光。

参观泛美航空公司过后没多久，76 岁的奥维尔旧病复发，病情一天比一天沉重。

那一年的冬天，大部分时间里，奥维尔都卧病在家。翌年元旦，他还勉强起身，前往代顿市区巡视一番。

由于气候寒冷，北风凛冽，病弱的身体，经不住寒风的侵袭，以致又病倒了下来。

当地的社会名流、挚友亲朋，甚至还有从远方来访的客人，纷纷前来探病。负责照顾病人的佣人，遵从医生的嘱咐都一一予以谢绝。

虽经医生尽心诊治，佣人的专注服侍，但毕竟是年事已高，回天乏术。

1948 年 1 月 3 日早晨，奥维尔·莱特终于离开了人世。

噩耗传出，代顿市家家户户都降半旗致哀，全国的报纸也以大字标题、巨篇横幅报道了这一不幸的消息。

代顿市为他举行市葬，几百架拖着黑丝带的莱特式飞机，在教堂的上空盘旋飞绕，向这位巨人致以深深的哀悼。

总统亲自致辞：

　　莱特兄弟发明的飞机为美国带来了社会的繁荣和国防的保障，也为人类带来了和平的证言，更为交通和经济提供了最为便捷的工具。

　　现在，这个人蒙主召唤回到天国去了，当然我们是不胜悲哀的，可是，只要人类存在一天，这位最伟大的美国人——莱特的姓名，将永远铭刻在人们的心中。

在人类发展历史中，莱特兄弟是第一个驾驶动力飞机飞上天空的人，是名副其实的现代航空之父。正是由于他们的发明，人类进入了一个全新的时代，大大开拓了人类的思想视野和生存空间，人与人之间的交往愈来愈便捷与密切了。

莱特兄弟的一生是一部激励人心的奋斗史，为了飞机的研发，为了航空事业的发展，贡献了自己的全部力量。他们的一生，可以说是一部航空发展史，功盖千秋，万人敬仰！

附　录

所有的胜利，与征服自己的胜利比起来，都是微不足道的。

—— 莱特兄弟·

经典故事

❀ 莱特兄弟解救风筝 ❀

莱特兄弟俩小时候经常做一些玩具出售，以贴补家用。他们用父亲教给他们制作风筝的办法制作各种风筝出售，一时间来买风筝的人络绎不绝。

有一天，莱特兄弟俩做了一种新型风筝。他们来到空地上试飞。

威尔伯看好风向，放开风筝，拉着风筝线向逆风方向跑去，弟弟奥维尔紧随其后。风筝借助风力慢慢升向天空，他们一边继续放线，使风筝继续升高；一边调整方向。他们的风筝在空中时而停下来抖动翅膀，时而左右盘旋，像一只正在觅食的苍鹰在空中俯瞰着大地。

威尔伯把放风筝的放飞线递给弟弟说："奥维尔，你玩儿吧。"

奥维尔接过放飞线，欣赏着在空中飞舞的风筝，他随着风筝移动的方向走着。

"哥哥，快来。"威尔伯听见弟弟的呼喊声，循声望去，只见那只风筝被卡在树杈中间了。他跑到树下察看情况，奥维尔说："我只顾看风筝了，没有注意到树，等我发现风筝飞到树梢时已经晚了。"

威尔伯说："别慌，我看看。"威尔伯看了看风筝被夹住的树杈说："卡得不是很紧，但是不能向下拉，那样会越拉越紧，直到把风筝拉坏。"

奥维尔着急地说："不然我爬上这棵大树把风筝摘下来吧。"

威尔伯说："不行，太危险！"

"那怎么办？"弟弟奥维尔望着风筝心疼得哭了起来。

威尔说："哭有什么用？我在这里等着，你快回家再拿一个风筝

回来，要体形大一些的。再另拿一盘放飞线。"

不一会儿，奥维尔就按着哥哥吩咐的，把风筝和放飞线取回来了。威尔伯把另一根放飞线也拴在那个风筝上，然后离开树下，先把风筝放飞到高于树梢的位置后，把两根放飞线中的一根线连接在被卡住的风筝线上。之后，威尔伯便放开了那根连接两个风筝的放飞线，手里握住第三根线。

威尔伯不断地使空中的风筝升高。不一会儿，那连接两个风筝的放飞线就被抻直了，只见那只被卡住的风筝在树杈间挣脱着，仿佛一只试图挣脱牢笼的小鸟。奥维尔激动地看着挣脱欲飞的风筝，喊道："哥哥，加油！"

威尔伯说："别忙，我把线放松一些，来一阵风就有可能把它'拔'出去。"

果然，一阵风使正在飞翔的那个风筝猛地提升了高度，同时，它也把那个被卡住的风筝"拔"向空中。

奥维尔兴奋地喊道："成功了！成功了！哥哥真有办法。"

后来，就是这对放风筝的兄弟，制造了世界上第一架飞机。

不把虚荣看得很重

莱特兄弟生活俭朴，哪怕是出名以后，他们也是一样工作，从来不把其他的事情放在心上。

有一天晚上，奥维尔和妹妹凯特一起吃晚饭，吃到一半，席间奥维尔顺手从口袋中掏出一条红丝带擦嘴。

凯特看见了这条漂亮的红丝带，问道："好漂亮的手帕啊！哪里来的？"

奥维尔毫不在意地回答道："哦！这个是法国政府颁发给我的荣誉奖章，刚刚吃到一半没有手帕擦嘴，我就顺手拿来擦嘴用了。"

凯特听得目瞪口呆。

年　谱

1867 年 4 月 16 日，威尔伯·莱特诞生于印第安纳州的纽卡斯尔市。

1871 年 8 月 19 日，奥维尔·莱特诞生于俄亥俄州的代顿市。

1874 年，威尔伯 7 岁，奥维尔 3 岁，妹妹凯特诞生。

1878 年，威尔伯 11 岁，奥维尔 7 岁，父亲密尔顿送给他们玩具纸蝴蝶，启发他们对飞行的兴趣。

1885 年，威尔伯 18 岁，奥维尔 14 岁，威尔伯在曲棍球比赛中受伤。

1888 年，威尔伯 21 岁，奥维尔 17 岁，发行《代顿周报》。

1894 年，威尔伯 27 岁，奥维尔 23 岁，开设自行车店。

1896 年，威尔伯 29 岁，奥维尔 25 岁，奥维尔患伤寒，患病期间，读了大量飞行方面的书籍。

1900 年，威尔伯 33 岁，奥维尔 29 岁，制造一号机，在基蒂霍克进行了滑翔机试验。

1901 年，威尔伯 34 岁，奥维尔 30 岁，进行风洞试验，修正了李莲塔尔的计算公式，制作二号机。

1902 年，威尔伯 35 岁，奥维尔 31 岁，三号滑翔机试飞成功。

1903 年，威尔伯 36 岁，奥维尔 32 岁，制作动力飞机。12 月 17 日，首次利用动力完成人类最初的飞行，时间为 59 秒。

1904 年，威尔伯 37 岁，奥维尔 33 岁。9 月 20 日，首次做圆周飞行成功。

1905 年，威尔伯 38 岁，奥维尔 34 岁，创下了 38 分 3 秒的飞行纪录。

1908 年，威尔伯 41 岁，奥维尔 37 岁，威尔伯应邀前往欧洲，做公开飞行表演。荣获米修兰奖。奥维尔在华盛顿梅耶试飞，9 月，所乘飞行不幸失事，受重伤。

1909 年，威尔伯 42 岁，奥维尔 38 岁，威尔伯在法国创设航空学院。7 月，奥维尔在梅耶试飞成功，飞机性能符合陆军购买条件。9 月，威尔伯在纽约自由女神像上空盘旋飞行。11 月，在代顿市成立莱特飞机公司。

1911 年，威尔伯 44 岁，奥维尔 40 岁，控告卡提斯侵害专利权。

1912 年，威尔伯 45 岁，奥维尔 41 岁，威尔伯于 5 月 29 日病逝。

1914 年，奥维尔 43 岁，最高法院判决专利权诉讼，莱特兄弟胜诉。奥维尔宣布退休。

1916 年，奥维尔 45 岁，担任马汀·莱特公司的顾问。

1928 年，奥维尔 57 岁，将一号机送至英国南安普顿科学博物馆。

1930 年，奥维尔 59 岁，被推举为代顿市第一位荣誉市民。

1932 年，奥维尔 61 岁，美国政府在基蒂霍克建立航空纪念碑，奥维尔参加开幕典礼。

1942 年，奥维尔 71 岁，一号机被运回美国，陈列在史密斯苏尼安协会。

1948 年 1 月 3 日，奥维尔 77 岁，在代顿市逝世。

名 言

- 理想的路总是为有信心的人预备着。

- 先相信你自己，然后别人才会相信你。

- 人只要不失去方向，就不会失去自己。

- 把自己当傻瓜，不懂就问，你会学得更多。

- 只有鹦鹉才喋喋不休，但它永远也飞不高。

- 要铭记在心，每天都是一年中最美好的日子。

- 年轻是我们唯一拥有权利去编织梦想的时光。

- 人生重要的不是所站的位置，而是所朝的方向。

- 对于创新来说，方法就是新世界，而且，最重要的不是知识，而是思路。

- 不存在的事物可以想象，也可以虚构，但只有真实的东西才能够被发明。

- 共同的事业，共同的斗争，可以使人们产生忍受一切的力量。

- 抱最大的希望，为最大的努力，做最坏的打算。

- 好的判断来自经验，但经验通常是来自坏的判断。

- 每个起飞都是自愿性的，每个降落都是强迫性的。

- 一个人越知道时间的价值，越倍觉失时的痛苦呀！

- 人生的价值，并不是用时间，而是用深度去衡量的。

● 觉得自己做得到和做不到，其实只在一念之间。

● 创造就是人类精神的最高表现，是欢乐和幸福的源泉。

● 勤劳的人会有各种幸运，懒惰的人则只有一种不幸。

● 快看天上的老鹰吧！雄鹰才是我们的目标！

● 要想在天上飞，除非我们自己有翅膀。

● 每个人都有一定的理想，这种理想决定着他的努力和判断方向。

● 不论你在什么时候开始，重要的是开始之后就不要停止思想。

● 所有的失败，与失去自己的失败比起来，都是微不足道的。

图书在版编目(CIP)数据

莱特兄弟 / 张自粉编著. —北京:中国社会出版社,2012.9
(2022.6重印)
(世界名人非常之路)
ISBN 978 - 7 - 5087 - 4140 - 6

Ⅰ. ①莱… Ⅱ. ①张… Ⅲ. ①莱特,W. (1867 ~ 1912) - 生平事迹
②莱特,O. (1871 ~ 1948) - 生平事迹 Ⅳ. ①K837.126.16

中国版本图书馆 CIP 数据核字(2012)第 201186 号

出 版 人:浦善新		策划编辑:侯 钰	
责任编辑:侯 钰		封面设计:张 莉	

出版发行　中国社会出版社　　　　　地　　址:北京市西城区二龙路甲 33 号
邮政编码　100032　　　　　　　　　编 辑 部:(010)58124867
网　　址:shcbs. mca. gov. cn　　　发 行 部:(010)58124866
经　　销:各地新华书店

印刷装订:北京华创印务有限公司　　开　　本:170mm×240mm 1/16
印　　张:13　　　　　　　　　　　字　　数:200 千字
版　　次:2012 年 9 月第 1 版　　　印　　次:2022 年 6 月第 4 次印刷
定　　价:49.80 元

中国社会出版社微信公众号　　　　　　中国社会出版社天猫旗舰店